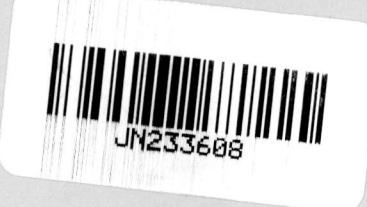

素材を生かす

手作りおもちゃアイデア集

立花愛子●著

チャイルド本社

素材を生かす

手作りおもちゃアイデア集

空き容器

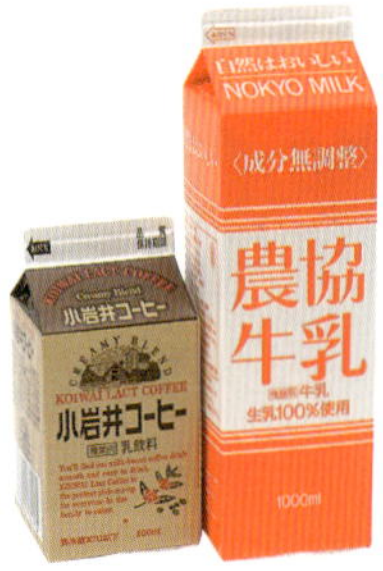

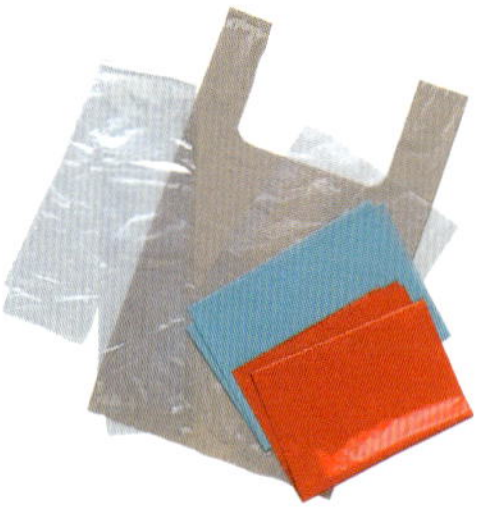

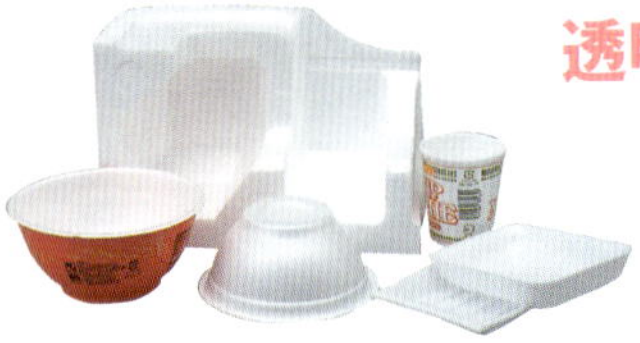

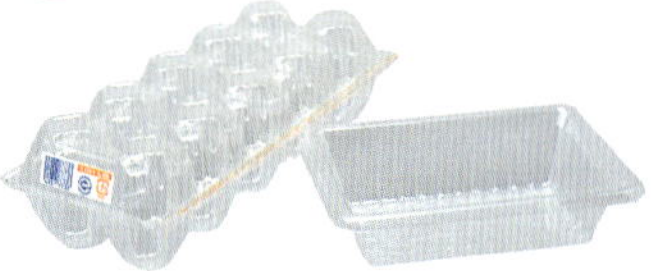

紙

目次

Contents

新聞紙　特徴・集め方・保存の仕方 71
新聞紙を使ったあそび 73

広告紙　特徴・集め方・保存の仕方 72
広告紙を使ったあそび 76

トイレットペーパー・ティッシュペーパー　特徴・集め方・保存の仕方 79
トイレットペーパー・ティッシュペーパーを使ったあそび 80

折り紙・紙テープ・色画用紙　特徴・集め方・保存の仕方 82
折り紙・紙テープを使ったあそび 83

雑貨

アルミホイル・アルミ皿　特徴・集め方・保存の仕方 86
アルミホイル・アルミ皿を使ったあそび 90

紙皿・紙コップ、ストロー、割りばし　特徴・集め方・保存の仕方 87
紙皿・紙コップを使ったあそび 93
ストローを使ったあそび 96
割りばしを使ったあそび 99

荷作りひも　特徴・集め方・保存の仕方 88
荷作りひもを使ったあそび 102

くつ下・布手袋　特徴・集め方・保存の仕方 89
くつ下・布手袋を使ったあそび 105

お店やさん

お店やさんごっこをしよう　1
いろんなお店ができるよ! 49

お店やさんごっこをしよう　2
お店を作ろう! 108

お店やさんごっこをしよう　3
店員さんになりきり衣装を作ろう! 110

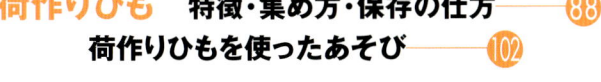

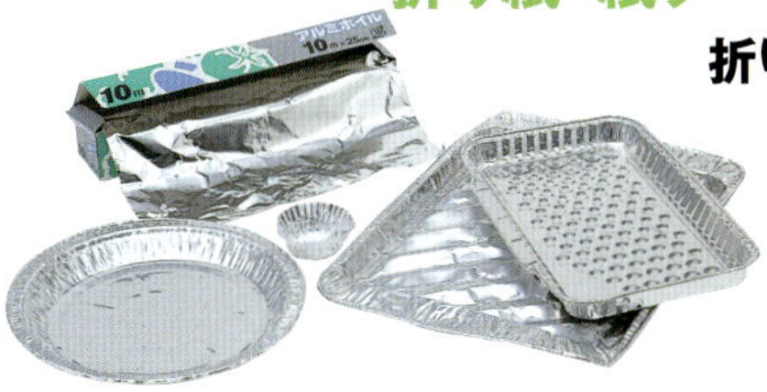

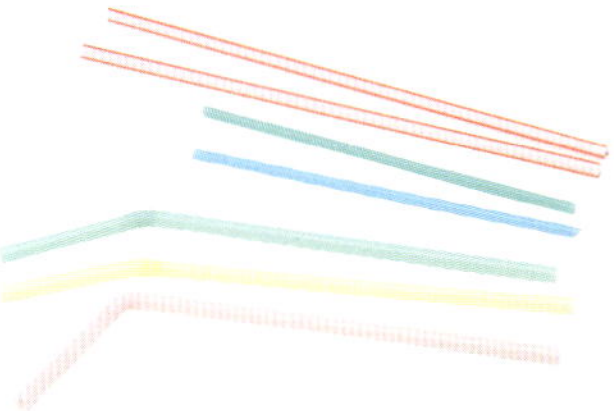

素材を知る

素材を知る

この本で使われる「素材」という言葉は、「造形の材料になる物」を指しています。本書で実際に素材として使われているほとんどが、もともと造形素材として作られた物ではありません。多くが商品を入れる容器です。そういう容器は機能的にデザインされた形で、材質も紙・プラスチック・金属とさまざま。この素材の形と材質を上手に造形に生かすためには、素材をよく知らなくてはいけません。

まず素材の形を観察します。本来の置き方ではない、横に寝かしたり、逆さまに立てたり、裏返したり…といろいろな向きから観察して新しい形を発見しましょう。思いがけない形が見つかります。次に材質にあった作り方を考えてみましょう。造形の基本的な作業、切る・はる・着色するための適切な道具を用意します。小さな子ども達に無理のない作業ができるように、そして素材の形と材質を損なわない仕上がりを心がけるとよいでしょう。

素材で遊ぶ

素材の形を大まかに分けると、四角、丸、平たい形にと分けることができます。四角い形は安定した物が作れます。丸い物は転がるので動きを生かした物ができます。平たい形の物はいろいろと自由に作り出せます。

造形を遊びに発展させるときには、さらに形と材質をよく吟味しましょう。例えば「缶けり」をするときの空き缶は、サイコロのような形の缶より円柱形の缶を使います。きちんと立てることができて、蹴ったときにはどこまでも転がっていくからです。そして材質は柔らかいアルミ缶より、蹴ってもへこみにくい固いスチール缶を使います。遊びは、楽しくて、スリルのあるものにしたいですよね。そうした遊びには、力のかかることが多いので、素材のじょうぶさが必要となってくるのです。

造形を遊びに発展させるためには、シンプルな造形物の方が遊びが楽しくなるように思えます。

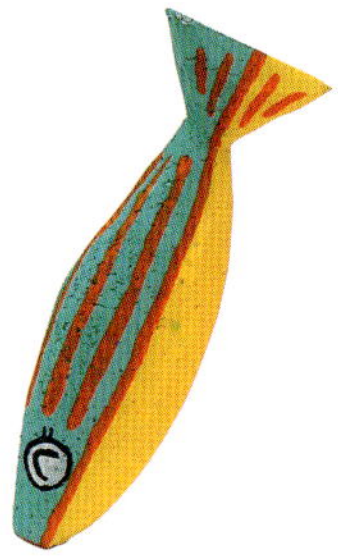

遊ぶ楽しむ

素材を楽しむ

どのような活動でもおとながおもしろいと思う気持ちを持たないと、子ども達に楽しさが伝わりにくくなります。素材や遊びに初めて接する子ども達にはおもしろいものでも、繰り返し同じことをやっているおとなには興味が薄れていることがあります。しかし、おとなが率先して楽しんでこそ、子ども達も楽しめるのです。

造形という行為は年齢に関係なく誰もが楽しめる遊びです。素材を知ることには限りがありません。素材の使い方も何通りもあります。子ども達の自由な発想で素材に取り組むようすから新しい使い方を思いつくこともあります。

造形活動に入るとき、作り上げる形を限定しないで、まず素材のままで遊ぶことから始めましょう。投げたり蹴ったり…、薄くて柔らかい物なら破いたり丸めたり…。体ごと素材と遊ぶなかから、素材の特徴を知り、さらに楽しい使い方へ自然に入っていけるでしょう。

素材は季節や天候によっても違う姿を見せます。乾燥していると静電気が起きやすくて扱いにくい物でも、それは逆に静電気を使った遊びがしやすい素材ということになります。環境に合わせて臨機応変に遊びや造形をアレンジするためには、まず素材の楽しさをたくさん試して知ることが大切です。

あると便利！ 製作用品

製作物をよりきれいに仕上げることができる用品です。参考にしてください。

カラーダンボール

立体感のある大きな製作ができる片ダンボール。色紙をはったり、塗料も塗れます。

カラーパック

切ってかぶったり、洋服を作ったりできるカラフルで大きなポリエチレンの袋です。

デザインシール

14色そろったシール。ペットボトルなど、塗料ののりにくい素材の装飾にぴったり。

デザインシール型抜き

かわいい型に抜けた、色とりどりのシールです。外枠も使えます。

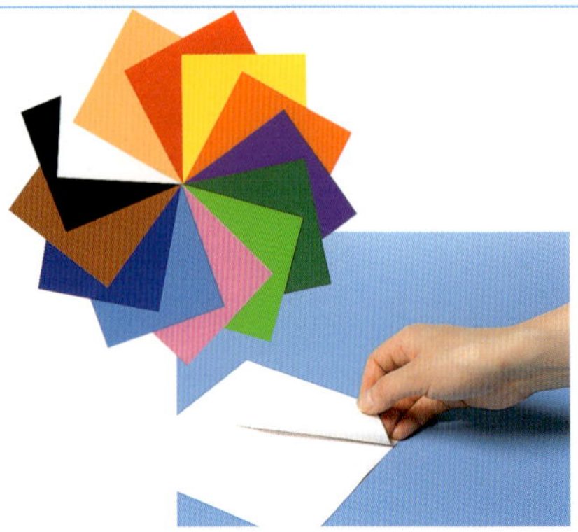

いろがみタックシール

シールタイプの色紙です。好きな大きさ、形に切って使えます。

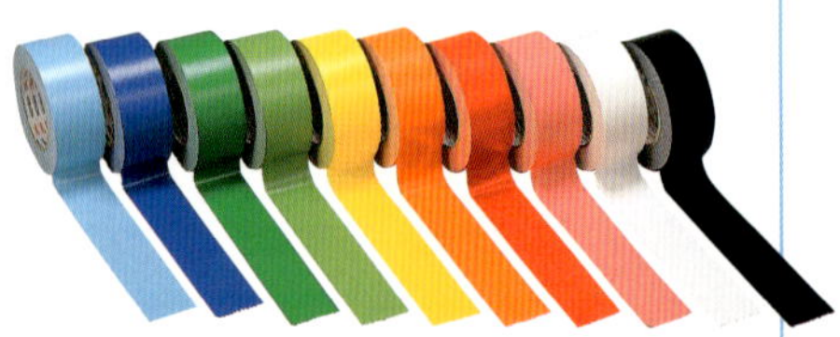

カラークラフトテープ

ダンボールの製作に適したのりつきのクラフトテープ。10色あります。

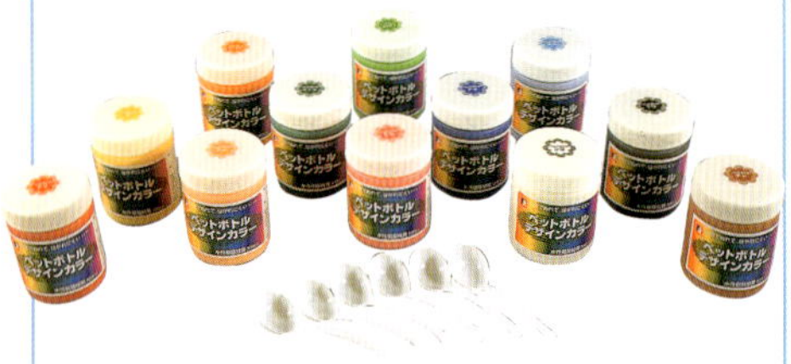

ペットボトルデザインカラー

水性ですが、ペットボトルに塗れてはがれません。水遊びの工作にも使えます。

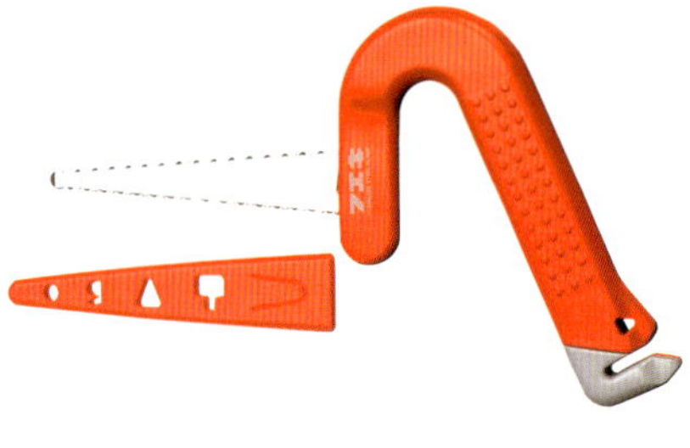

ダンボールカッター

手を切る心配がなく、子どもでも使えます。切り込み、窓開けに便利です。

くるくるエンボッサーセット

色画用紙などに星やハートの模様を型押しできます。使用できる紙の幅は最大10cmです。

空き容器

透明容器（固いもの）

アルミ缶

ペットボトル

牛乳パック

　ひと口に飲料や食べ物を入れるための容器といっても紙プラスチック、金属と原料はずいぶんと違います。特に飲料については、以前はガラスビンが使用されていました。ガラスビンは洗って何度も使える利点がありますが、重くて割れるという使いにくさもあります。

紙、プラスチック、金属で作られた軽くて水漏れしないじょうぶな空き容器はリサイクル資源として分別、再利用されています。大量に出回っているため集めやすく、形や大きさが統一されています。さらに水に強いという性質もあり、造形素材としては優れたものです。

スチロール

透明容器（薄いもの）

スチール缶

ポリ袋

牛乳パック

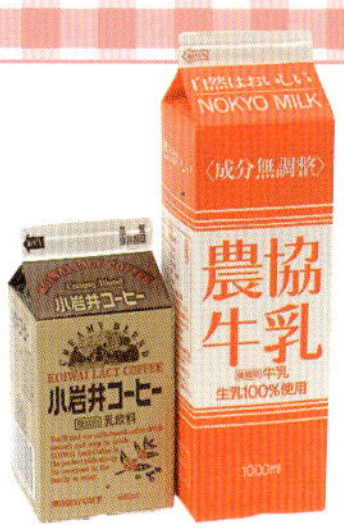

紙製品でも中身がもれないように、紙の表面が防水加工してあります。加工には、プラスチックの薄いフィルムやアルミが使われています。

特　徴

決まった形

牛乳パックは1000mlと500mlの大きさが一般的。1000ml入りの側面は、幅が7cm、高さはだいたい20cmくらいの長方形です。500mlならば高さが半分の大きさになります。パックの「側面の幅は7cm」を覚えておくと、はり付ける紙を用意するときの目安になります。ちなみにA4サイズの紙で、側面をくるりとひと巻きできます。なお、200ml入りは、メーカーによって形がいろいろです。

じょうぶな紙

厚くてじょうぶな紙です。特に底の面など接着部分は、水漏れがしないように、厚く堅くなっているので、はさみで細かく切ることはやめましょう。このしっかりした形を生かしたまま、造形や遊びの素材にするのがよいでしょう。

集め方

大きさと状態を伝える

大きさを伝えて集めましょう。リサイクルに出すために、切り開いてしまうことが多いので、そのままの形なのか開いたものなのか、必要な状態もきちんと伝えます。よく洗って乾かすこともお願いするとよいでしょう。

防水加工

表面は防水加工がしてありますので、水遊びの船やじょうろなどを作るには適していますが、糊がつきにくく、着色は、よくなじんで、はじかないアクリル樹脂系のものや油性のものを使います。

ためしてみよう

牛乳パックを裂いて、裂け目の繊維を虫メガネで見てみましょう。新聞紙の裂け目に見られる繊維と比べてみると、とても長い繊維が使われていることがわかります。

保存の仕方

形を保つ

注ぎ口が半分空いていると箱が歪んでしまい、積み上げにくくなります。セロハンテープで留めて、形が崩れないようにしましょう。

ペットボトル

大きさが豊富。直接印刷がしていないので、ラベルをはがすと透明です。ふたを閉めれば水漏れがしないので、水を入れておもりに使うことができます。

特　徴

透明で、凹凸の少ない形

リサイクルしやすく、ラベルははがしやすくなっています。ラベルをはがすと、透明です。特に炭酸飲料が入っているものは、強度を出すために側面にラベルを大きく巻いてあるので、凹凸のない面が広くなっています。底も堅くじょうぶにできており、花のような形のものもあります。

火に弱い

火に弱く、すぐに柔らかくなってしまいますので気を付けましょう。穴を開けるときは火であぶった千枚通しを使うと、力を入れずに溶けて穴が開きます。オーブントースターで暖めると、溶けて縮まったり曲がったりして、ちょっと違った趣が出ます。

サイズも豊富

2L、1500ml、1000ml、500mlなど、いろいろなサイズがあります。子どもの手には500mlくらいが扱いやすいでしょう。

ためしてみよう

注ぎ口をしっかり締めた空のペットボトルを、水の中に押し込めるにはとても力がいります。例えば、2L用の空のペットボトルなら2kgの力が必要になります。また2L入りを10本つないでイカダにすれば20kgの体重の子どもが乗っても沈みません。

集め方

大きさ、ふたの有無を伝えて

大きさを伝えて集めましょう。ふたが必要かどうかも忘れずに。ラベルは、はがさないままの方が表面に傷が付かなくてよいでしょう。

保存の仕方

口は開けたまま、ラベルはそのまま

まずはよく洗います。また、乾きが悪いので、口は開けたままにしましょう。ラベルは使う直前にはがすと、傷がなくきれいなままです。

アルミ缶

アルミ缶は、金属ですから紙のように水がしみ込んだりはしません。しかも軽くて、やわらかいため、中身が入ってないときは、簡単につぶれてしまいます。

特　徴

柔らかい金属

飲み終わった空のアルミ缶は手でクシャッとつぶせます。アルミ缶のアルミはとても薄く0.1mmくらいしかありません。もちろん普通のはさみで切ることができます。はさみなどで切ったとき、その切り口は薄いため、手を切ることがあるので、缶そのままで使うようにしましょう。アルミ缶は形が円柱形なので、真上からかかる力には強いです。

酸に溶ける

アルミは酸に溶ける性質があります。ジュースや炭酸飲料には、弱い酸が含まれているので、直接アルミと中身の飲み物が触れないように、アルミの表面にはポリフィルムの膜がはってあります。牛乳パックと同じ様な加工です。

手で持てる大きさ

缶入り飲料の一般的な大きさ、350mlタイプを調べてみると、缶の直径が約7cm。牛乳パックの一辺の大きさと同じくらいです。おとなの手を物をつかむように丸めた形にすると、その幅は7cmくらいのものがすっぽり入る半円になります。手で持つ物は、持ちやすさから同じくらいの大きさに作られています。

ためしてみよう

アルミ缶・スチール缶

飲料の入っている缶は、アルミかスチールか見分けにくいのですが、磁石を使えばすぐにわかります。アルミ缶は磁石にはつかない、スチール缶は磁石につきます。

集め方

質と大きさを伝える

最近はスチール缶も薄く作られています。そのため、重さではアルミかスチールか区別がつきにくいので、リサイクルのマークを見て確かめてもらいましょう。大きさも250ml の缶、350ml の缶など、はっきり伝えましょう。

保存の仕方

つぶれないように

縦につなげて新聞紙などでまいて長い筒状にしたものを、束にしてきちんと整理しましょう。バラバラで袋などに放り込んでおくと、つぶれてしまいます。

スチール缶

飲み物の入っている缶以外にも、缶詰やお茶、クッキーや海苔などが入っている四角い缶は再利用が日常的にされています。

特　徴

堅くて重い

特別に薄く作られている物以外は、アルミ缶と比べるとかなり堅く、重量もあります。この重さを生かし、ゴムでつるす人形などの素材には適しています。堅くてじょうぶなので、人が乗って遊ぶのにも向いています。はさみで切ったりすることは難しいので、そのままの形を利用しましょう。

磁石につく

子どもたちが好きな磁石。磁石にくっつくのがスチール缶です。アルミ缶は磁石につきません。磁石で連結する汽車を作ったり、四角い缶のふたで磁石をコマにしたゲーム板などが作れます。しかし、あまりきれいに塗料が塗ってあると、磁石はつきにくいので、注意。

集め方

大きさや形、何が入っていたかを伝えて

四角い缶も含めるとスチール缶は種類も豊富です。大きさをきちんと伝えましょう。ジュースの缶は小さな飲み口しか中を確かめられないので、充分に洗って中身の残りがついていない状態にします。

保存の仕方

プルトップは処理しておく

プルトップがついたままだと、重ねて使うときなど、使いにくい場合があります。取った後は、切り口がとがっているので、必ずテープや紙をはって直接さわれないようにしましょう。このことはアルミ缶にも共通です。

たくさんつなげて
電車ごっこポッポーッ

ぼくは駅員の
役だよ…
運転手は
わたし♪
車掌は
わたし♪

ブロックみたいに
つなげて遊ぼう

ブロックみたいに、たくさんつなげて大きく作っても楽しい。いろいろんな大きさで作って障害物競走をしたりすることもできます。

電車ごっこの輪

材料

牛乳パック約10個、輪ゴム、クラフトテープなど

のりしろ
MILK

1 牛乳パックの注ぎ口を図のように切り、3枚は中に入れ込み、接着する（1枚はのりしろに）。

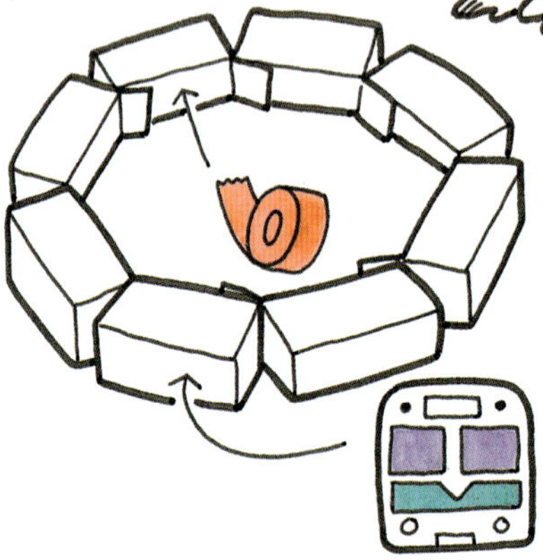

2 図のように何個かつなげて、電車の正面をかいたものをはり付ける。

組み立てゲート

材料

牛乳パック数個、輪ゴム、クラフトテープなど

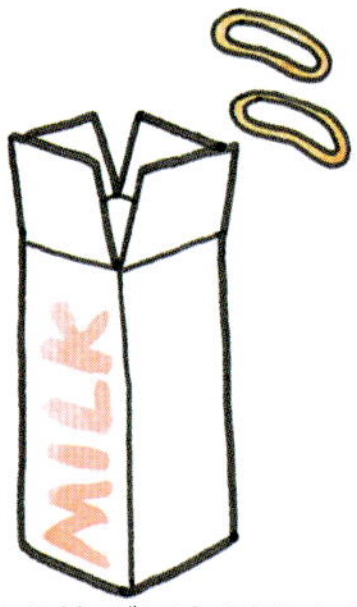
MILK

1 牛乳パックの注ぎ口を図のように切って、輪ゴムをかけてテープで留める。

MILK

2 図の位置に、牛乳パックの底の大きさの切り込みを入れ、つないでゲートにする。

つなげて組み立てて

お座りワンワン

材料

牛乳パック8個、竹ひご、ビニールテープ、カラークラフトテープ、色画用紙、発泡ボールなど

1 牛乳パック6個の注ぎ口を閉じる。

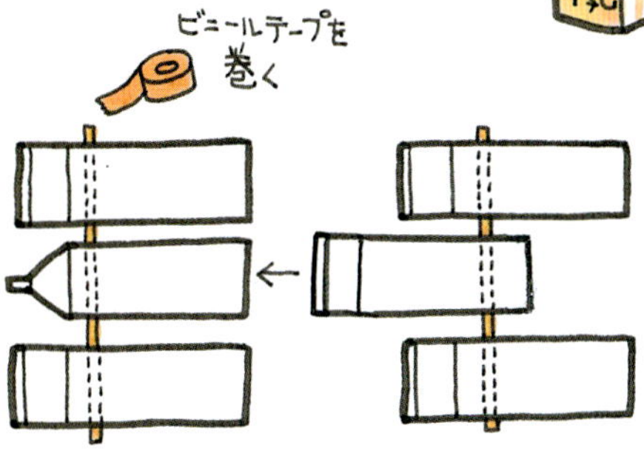

2 図のように、竹ひごで3個つないだものを2組作り、ビニールテープで巻いてつなぎ合わせる。

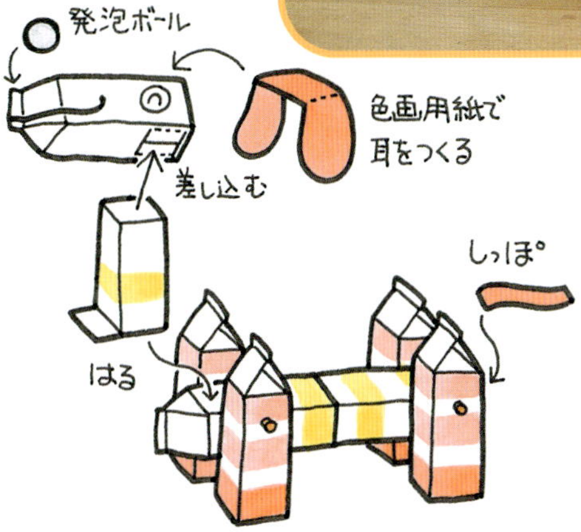

3 残りの牛乳パック2個で首と顔を付け、クラフトテープ、色画用紙などで耳としっぽも飾り付ける。

切ってつなげて

くにゃくにゃイモムシ

材料

牛乳パック3個、色画用紙、カラークラフトテープなど

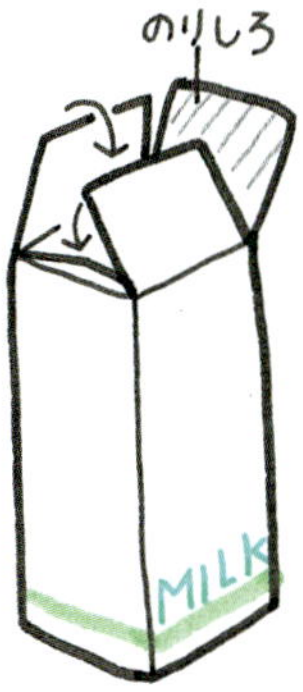

1 牛乳パックの注ぎ口を図のように切り、3枚を中に入れ込み、接着する（1枚はのりしろに）。

2 くにゃくにゃになるよう交互にはり合わせ、顔としっぽを付ける。

箱型を利用して
ショートケーキからプレゼント

材料

牛乳パック数個、クラフトテープなど

リボンを外して…
ケーキを開けると…
何が入っているのかな？
パカッ

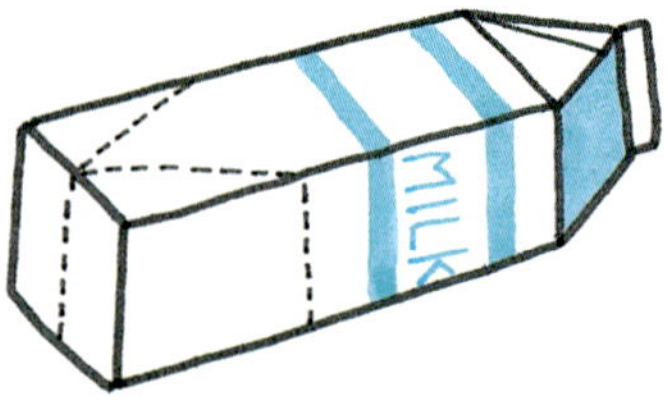

MILK

1 牛乳パックの底を図のように切る。

2 つないで、片ダンボールや色画用紙などで飾る。

3 中にプレゼントを入れて、リボンで結ぶ。

4 何個か作って円形に並べる。

切り込みを入れて
ぱくぱく人形

材料

牛乳パック1個、色画用紙など

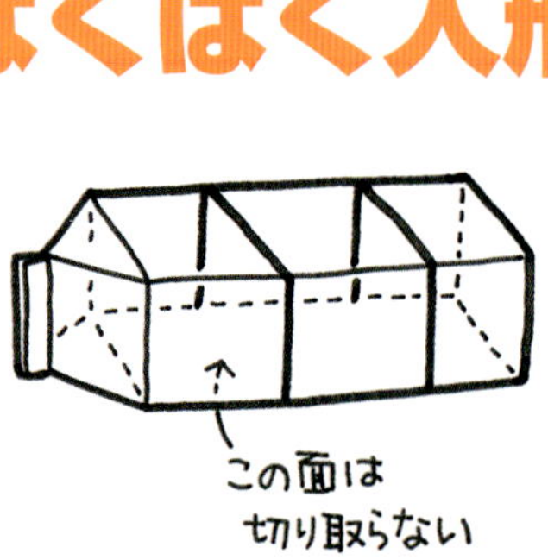

この面は
切り取らない

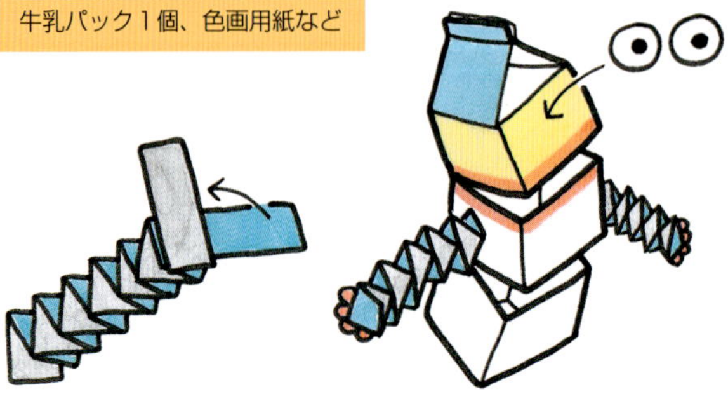

1 図のように、牛乳パックの側面にコの字型に切り込みを入れ、色画用紙などで飾りを付ける。

2 細長い紙2枚を互い違いに折り合っていき、紙ばねを作り、腕にする。

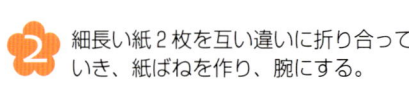

折り線を利用して
クレープ

材料

牛乳パック１個、折り紙など

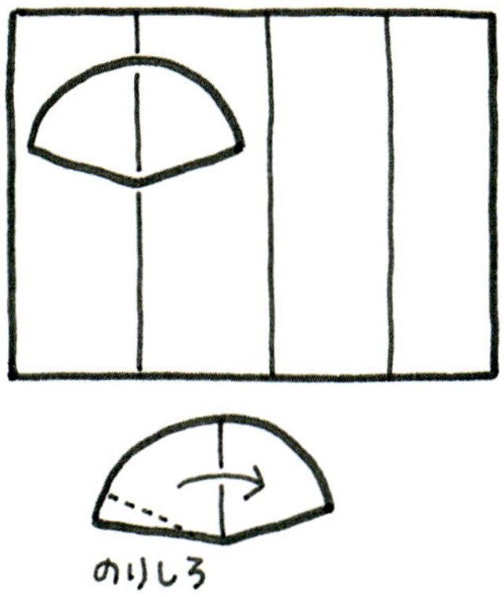

のりしろ

1 牛乳パックの側面の裏側を半円型に切り取り、図のように折ってはり付ける。

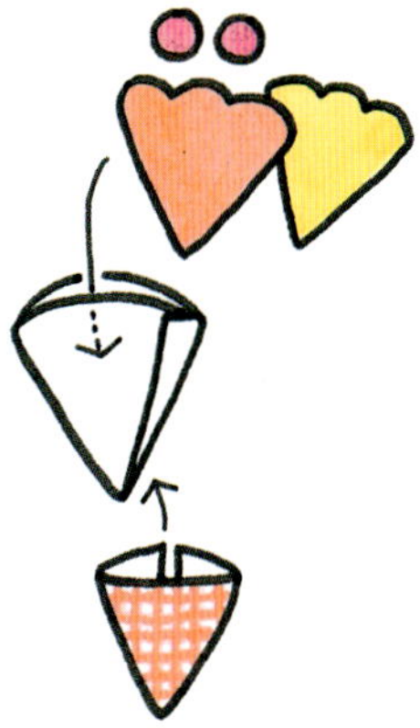

2 折り紙の具を入れる。外側は折り紙などで包んで飾る。

赤の折り紙をイチゴ、茶色の折り紙をチョコレートに見立てたり…。具の色を考えるのも楽しいよ

たたんではさんで
サンドイッチ

材料

牛乳パック１個、折り紙、両面テープなど

MILK

1 牛乳パックの注ぎ口と底を切り取る。

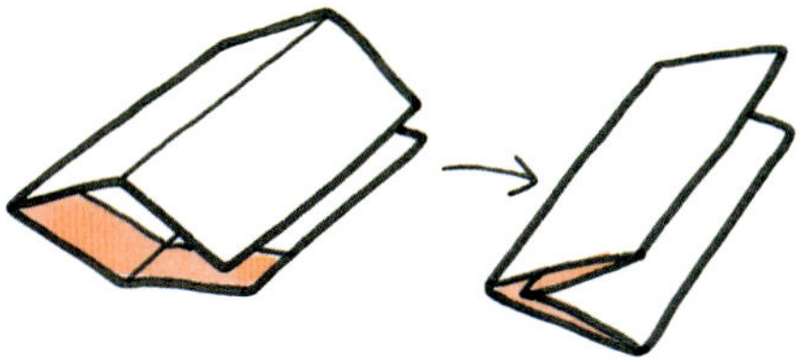

2 裏返して図のようにたたむ。

3 三角や四角に切って、折り紙の具をはさみ、両面テープで留める。

わぁ
おいしそう
本物
みたいね
いただきまーす!

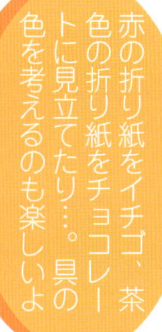

水に浮かべて

プカプカ輪投げシップ

牛乳パックは水に強く、浮くので水遊びにはもってこい。大きなプールに船をいっぱい浮かべたり、輪投げをして遊びましょう。

UFO

材料

牛乳パック数個、ビニールテープなど

1 牛乳パック2個の底を切り取ってぺちゃんこにする。

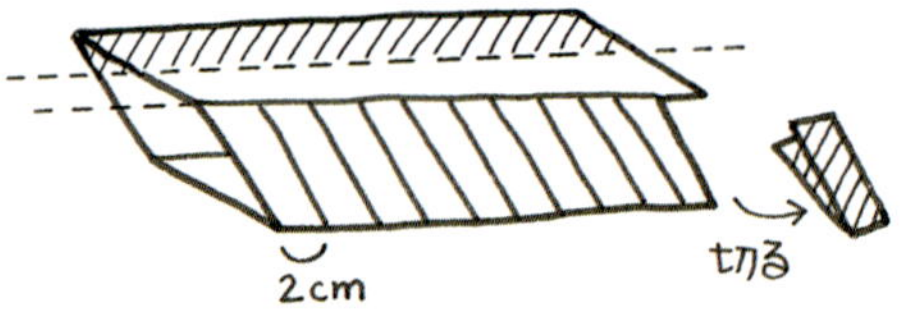

2 図のように折り目まで幅2センチくらいで切り込みを入れ、残りの部分を半分の幅で切る。

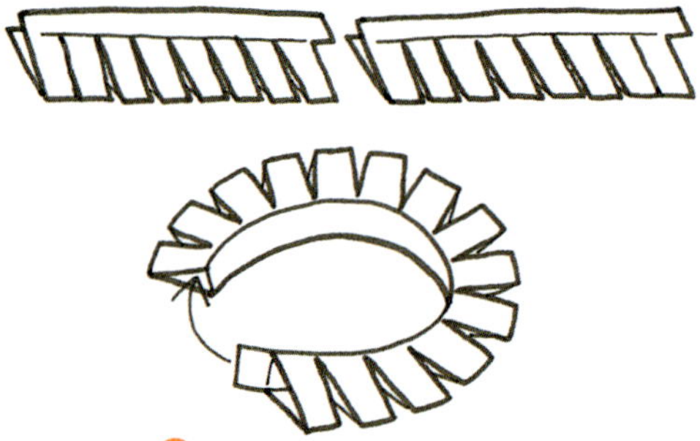

3 2枚をつなげて、ぐるっと輪にしてつなぐ。

船のまと

材料

牛乳パック（1000ml）数個、ビニールテープ、両面テープなど

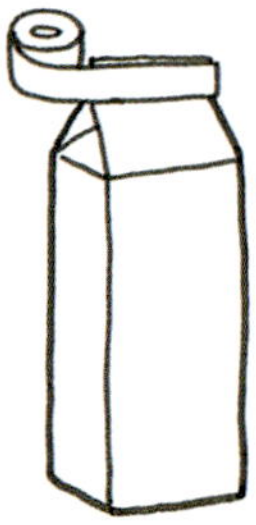

1 牛乳パック3個の注ぎ口をビニールテープなどでしっかり閉じる。

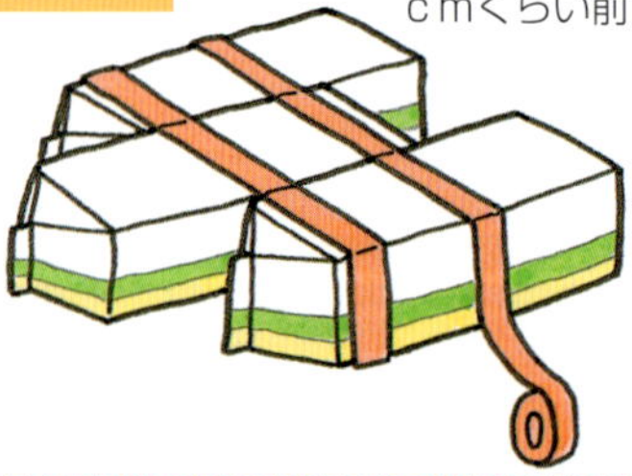

2 ビニールテープでつなぐ。そのとき、中央の牛乳パックを10cmくらい前に出す。

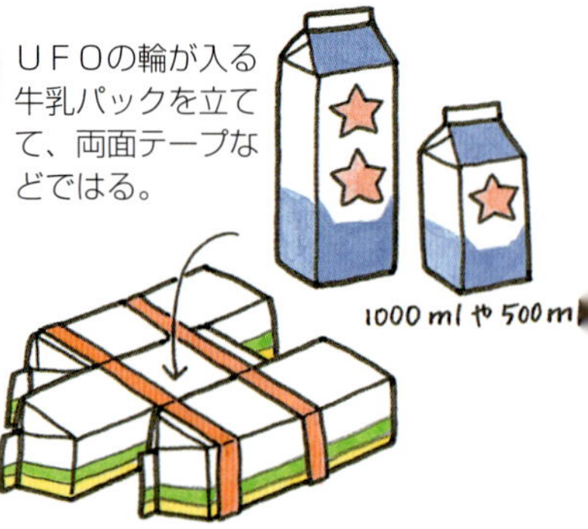

3 ＵＦＯの輪が入る牛乳パックを立てて、両面テープなどではる。

船のまとをつなげて作ろう!

つなげて大型船にしても楽しい!

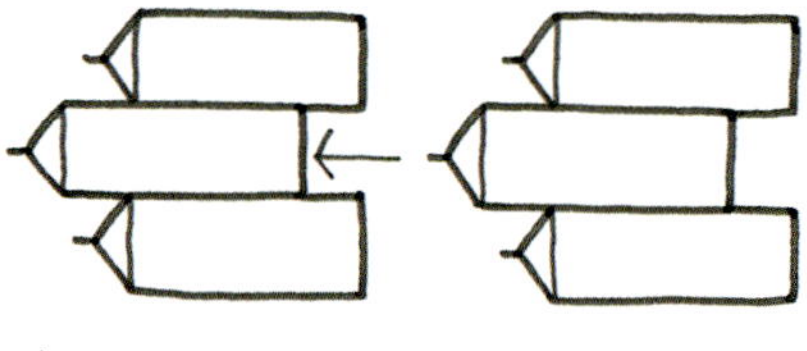

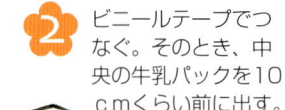

水をかけて
くるくる水車

材料

牛乳パック（1000ml）4個、ビニールテープ、竹ひご

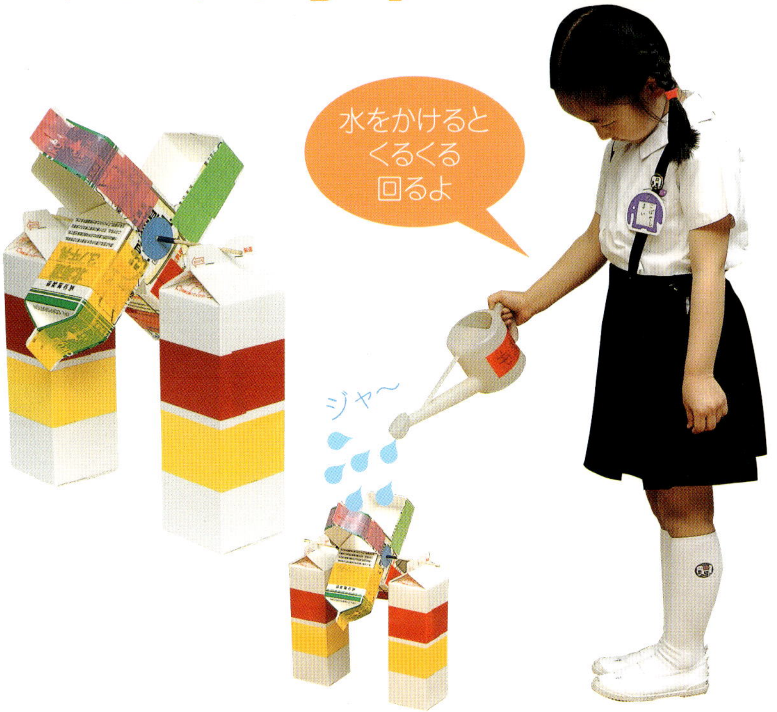
水をかけると
くるくる
回るよ
ジャ〜

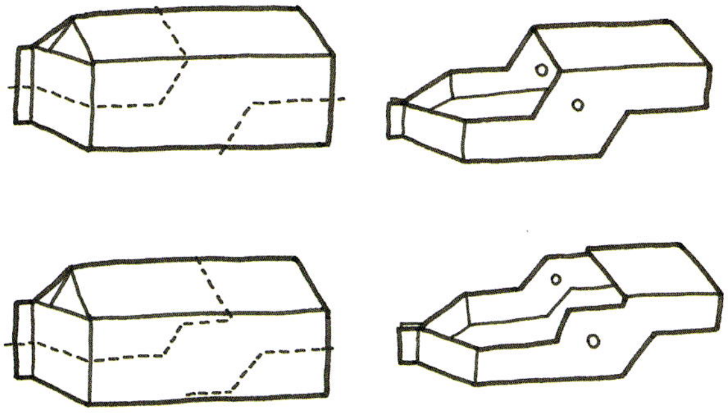

1 牛乳パック2個をそれぞれ図のように切る。

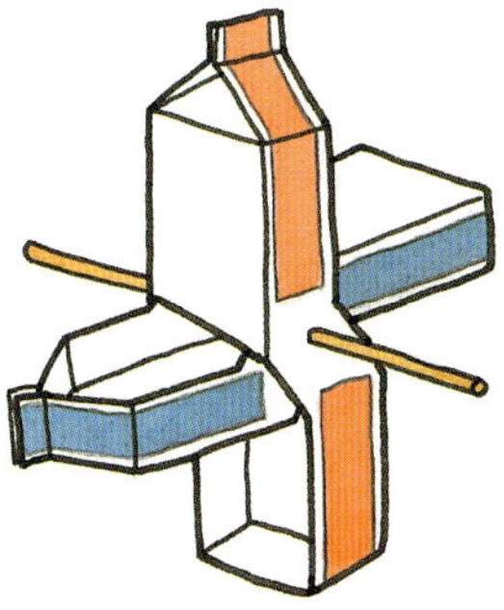

2 ビニールテープで留めて穴を開け、竹ひごを通す。

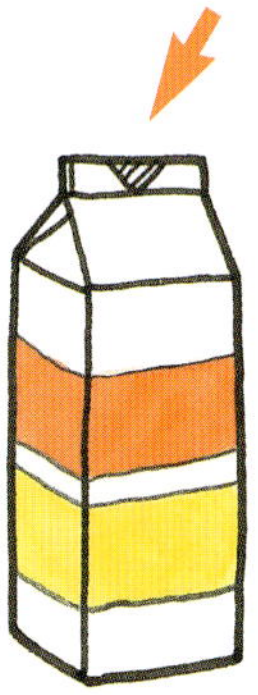

3 残り2個の口をV字にカットして、軸受けにする。

水を入れても大丈夫
シャワーゲート

材料

牛乳パック（1000ml）1個、（500ml）2個、ビニールテープなど

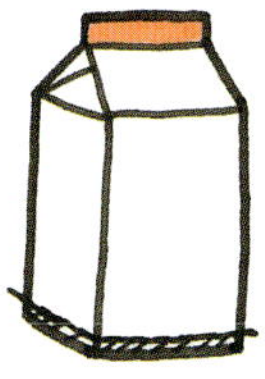

1 500ml の牛乳パックの底を切り取る（1000mlだったら、少し長さが短くなるように底とともに切る）。注ぎ口はビニールテープでしっかりふさぐ。2個とも。

2 はり合せる面の同じ位置に窓を開け、3個つなぐ。

3 下のほうや底に水の出る穴を開ける（上の注ぎ口の部分からホースを入れる）

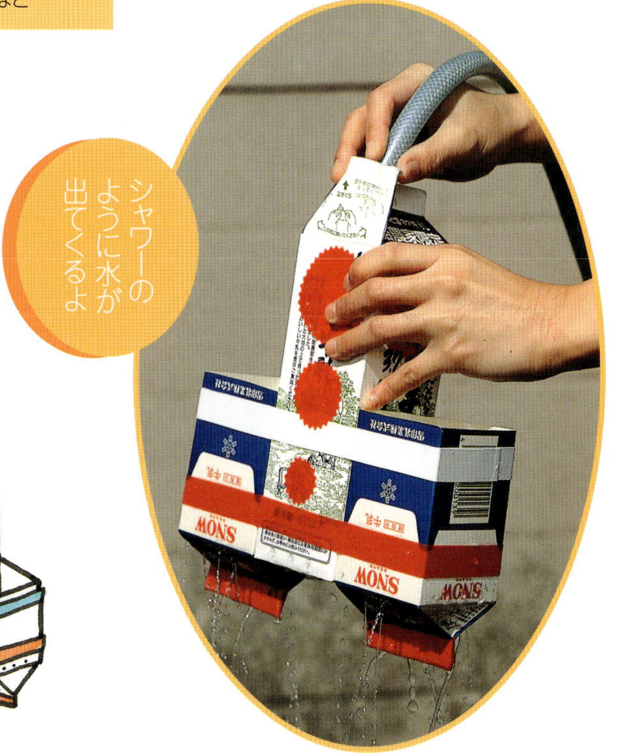
シャワーのように水が出てくるよ

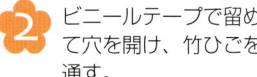

ビニールテープで飾って

お花のバケツ

材料

牛乳パック（1000ml）1個、ビニールテープ、接着剤など

いっぱい入るね
こっちはどうかな

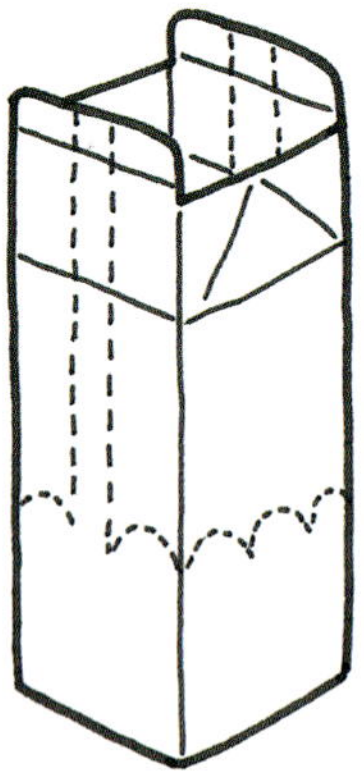

1 牛乳パックを図のように切る。

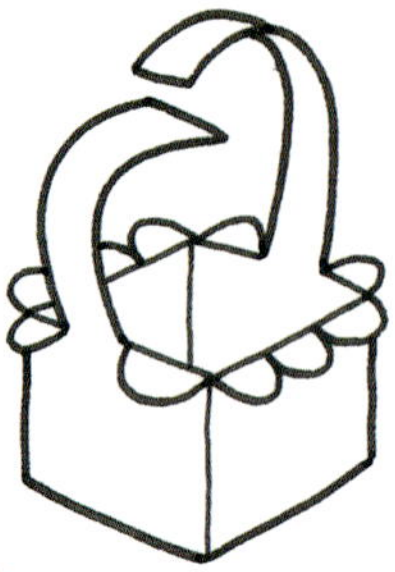

2 花びらの部分を折り曲げて、持ち手をはり合せる。

切ってはるだけ

金魚のひしゃく

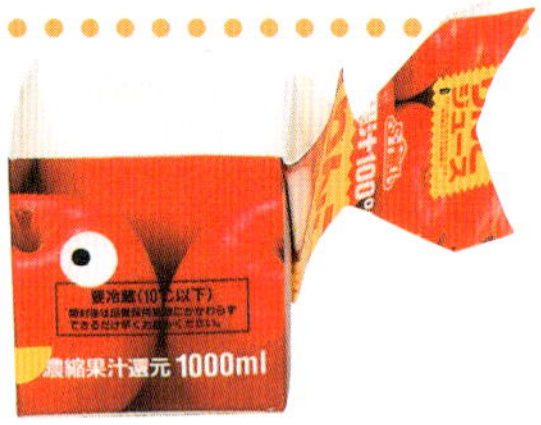

材料

牛乳パック（1000ml）1個、接着剤など

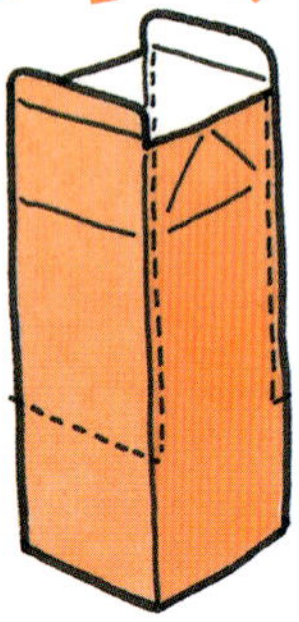

1 牛乳パックを図のように切る。

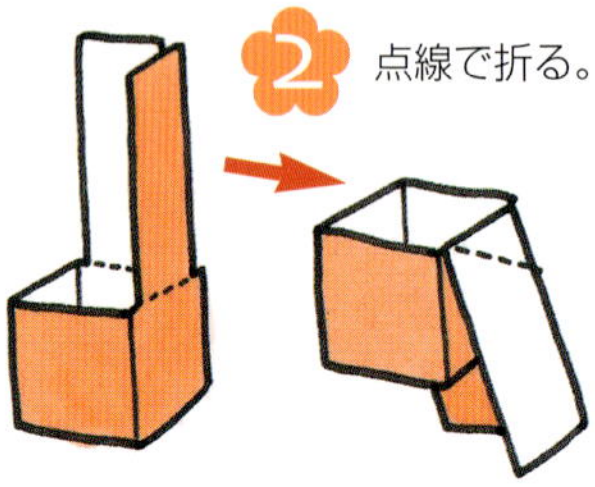

2 点線で折る。

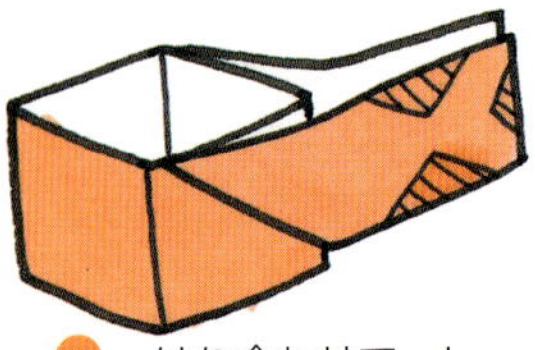

3 はり合わせて、しっぽの形に切る。

たくさん水が入る

ペンギンじょうろ

材料

牛乳パック（1000ml）1個、乳酸菌飲料などの空き容器、接着剤など

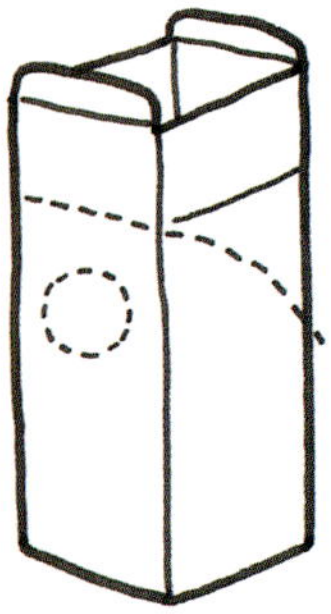

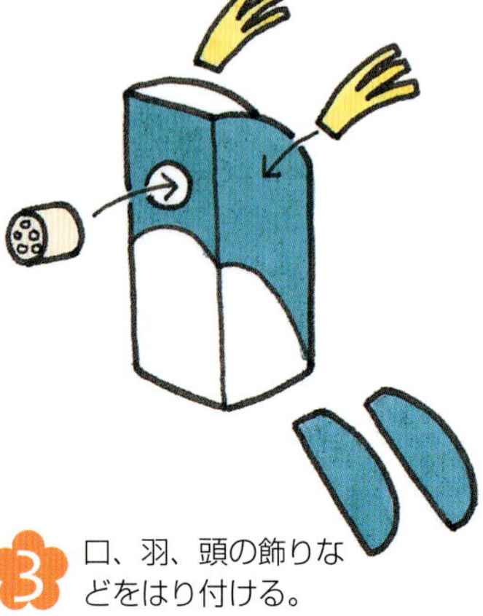

キャー

1 牛乳パックを図のように切る。

2 乳酸菌飲料などの空き容器を適当な大きさに切って、底に穴を開ける。

3 口、羽、頭の飾りなどをはり付ける。

切ってつなげて転がして
フラフラボールでボーリング

いくつ
倒れるかな?
いけっ

材料

丸いペットボトル（1500ml）2本、スーパーボール1個、ビニールテープ

フラフラボール

切る

1 ペットボトル2本を点線のように切る（2本とも）。

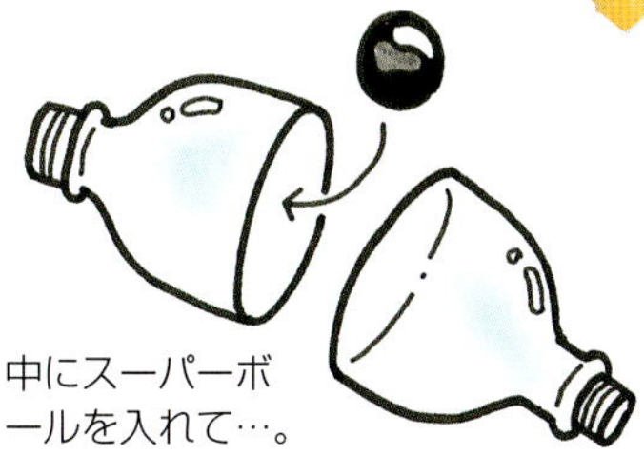

2 中にスーパーボールを入れて…。

3 ビニールテープではり合せる。

ボーリングのピン

材料

丸いペットボトル（1500ml または500ml のもの）適宜、ビニールテープなど

1 ビニールテープなどで飾ればできあがり。

いろんな大きさのピンを作ってみよう。

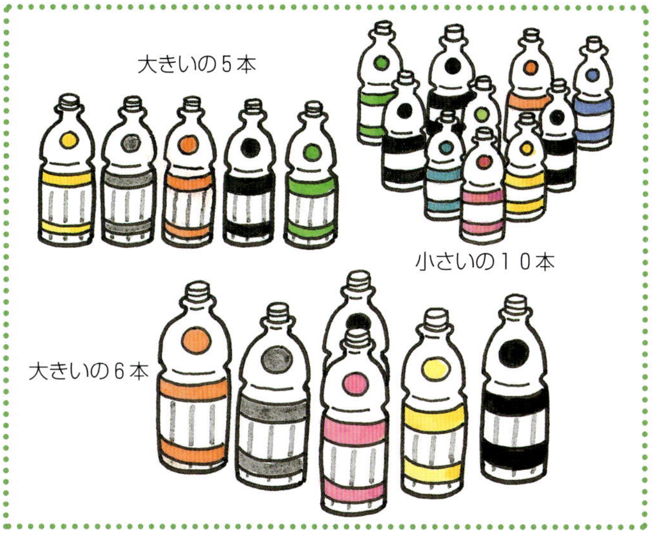
大きいの５本
小さいの１０本
大きいの６本

大きいのや小さいのなど、様々なピンを作ってボーリング大会をしたり、たるころがし競争をしたり、いろいろなゲームを考えてみよう。

フラフラボールを使って
たるころがし

材料

ペットボトル（2L）1本、厚い紙の筒、ビニールテープなど

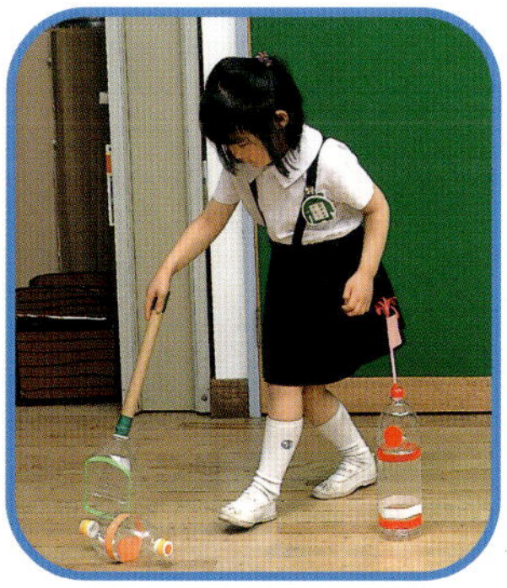

ピンをくるっと
回って…

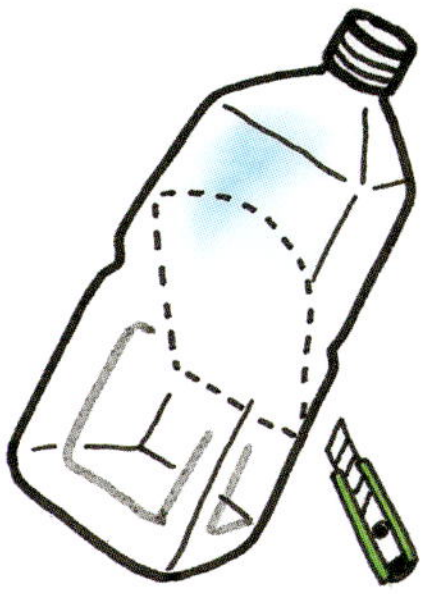

1 図のように、斜めに切り取る。

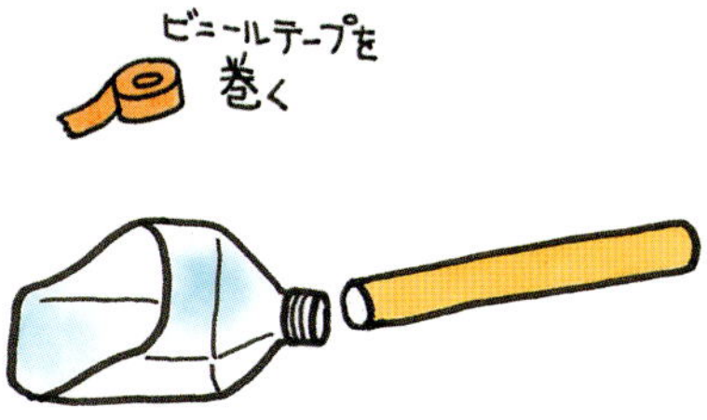
ビニールテープを
巻く

2 切り取った口に紙筒を付けて、柄にする。

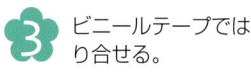

つないでのばして
レインボーゲート

材料

ペットボトル（1500ml）8本、ビニールテープなど

1 ペットボトル6本をそれぞれ図のあたりで切る。

2 切り口にビニールテープなどをはる。

3 残りの2本に、水を入れて重くする（両わきに置く）。

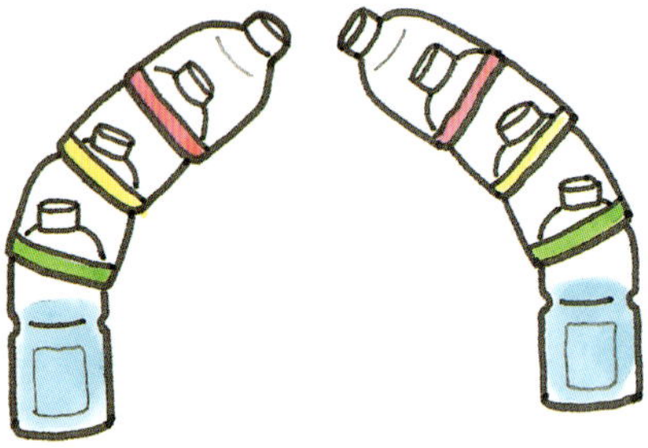

4 2のペットボトルをつなげる。かぶせてつなげていこう。にじのゲートのできあがり。

曲がって
曲がって

つながったね！

写真をはって
思い出を詰めようフォトポシェット

材料

丸いペットボトル（1500ml）適宜、ビニールテープ、リボン、シール、写真など

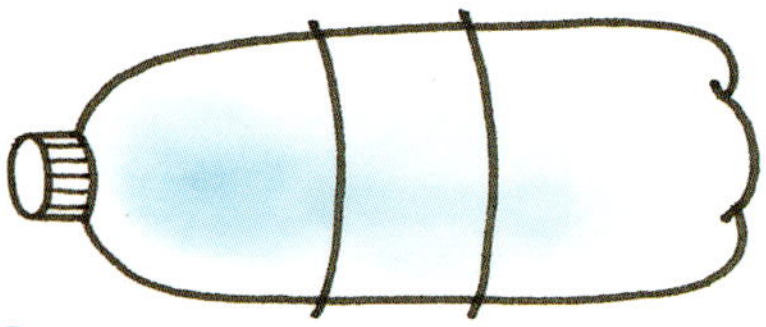

1 ペットボトルを図のように切る。

かぶせる

2 底の部分に写真をはり、胴部分をかぶせる。切り口にビニールテープをはる。

3 穴を開けてリボンを通し、上部とつなぐ。

何が入っているのかな？

4 色を塗ったり（油性マーカーやプラカラーがよい）シールをはって、飾る。

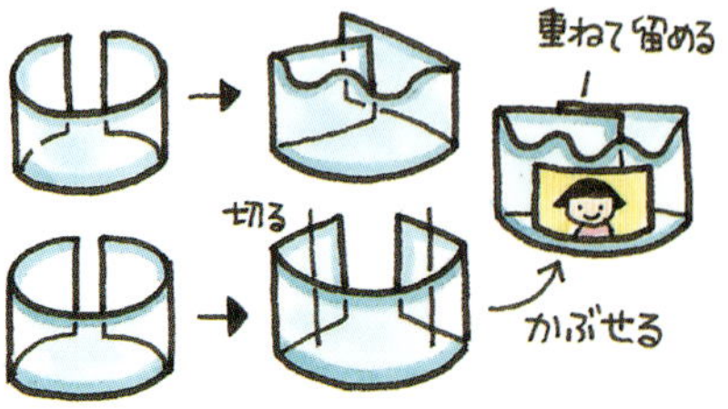
重ねて留める
切る
かぶせる

5 図のように折って留めると、小物入れにもなるよ。

中に詰めて
マラカス

材料

ペットボトル（500ml）適宜、ストローやドングリなど

1 ペットボトルにストローを切って入れ、キャップを閉める。

ちゃっ
ちゃっ

1 ドングリなどを入れて、キャップを閉める。

私のは
カサカサ
いうよ

ぼくのは
ゴロゴロ

中に詰めて打ち合わせる
ポンポンボトル

材料

丸いペットボトル（1500ml）2本、スズランテープ、両面テープ、セロハンテープなど

うたに
合わせて

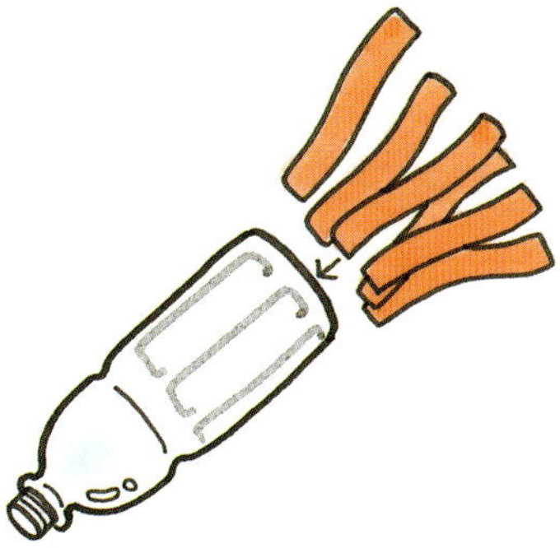

1 ペットボトルの底のほうに、スズランテープを両面テープやセロハンテープではり付ける。

たたいたり
振ったりして
ダンシング♪

2 はったスズランテープを手やカッターナイフで細かく裂く。

水をおもりにして
カラフルダンベル

材料

ペットボトル（500ml）2本、ビニールラップのしん、ビニールテープなど

好きな量の水を入れよう
まわりをビニールテープで飾ってね！

ビニールテープなどで模様を付ける

1. ペットボトル2本に水を入れ、ふたをして、ビニールテープでしっかり留める。

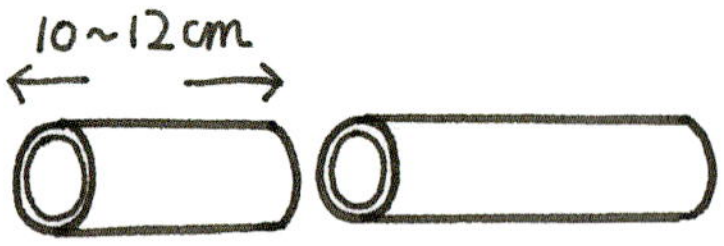
10～12cm

2. ビニールラップのしんを10～12cmくらい切る。

3. しんがぴったりはまるように、ふた部分にビニールテープを巻いて厚みをつける。

4. 差し込んで、ビニールテープを巻いて留める。

水を入れて
お魚チャプチャプ

材料

ペットボトル（500ml ）1本、色紙、アルミホイル、ビニールテープなど

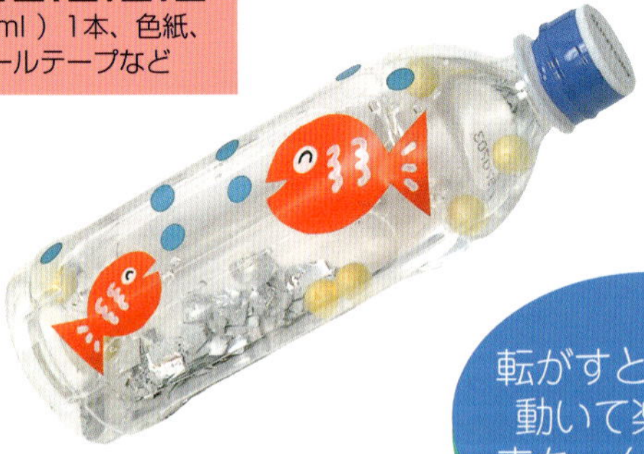

1. 紙などを魚の形に切って、はる。

2. ペットボトルの中に水を半分くらい入れ、水に浮くものを入れる（アルミホイルを切ったもの、プラスチックの玉、スチロールの小玉など）。

転がすと中の水が動いて楽しい！赤ちゃんも大喜び

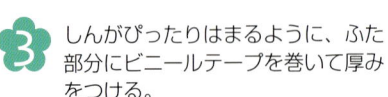

缶の重さを利用して

コチカチびよよんロボット

材料

スチール缶（350ml）1個、スチール缶（180ml 前後）2個、ビニールテープ、景品のプラスチック容器、輪ゴム、ようじ、色画用紙など

わぁ〜!
はねる、
はねる

ワオ!
びよ〜ん

1 輪ゴムをつなげて、ようじを先端に付ける。

2 スチール缶の飲み口にようじを入れ、テープで穴をふさぐ。

3 図のように足と胴はビニールテープでくっつけてつないでいき、プラスチック容器で頭を、色画用紙で手を付ける。

缶の動きに集中する遊びなので広い場所でやるようにしましょう。

じょうぶな硬い缶を使って
カンたんパカポコ

材料

ナッツなどの硬いスチール缶2個、ひも2本、鈴2個、セロハンテープなど

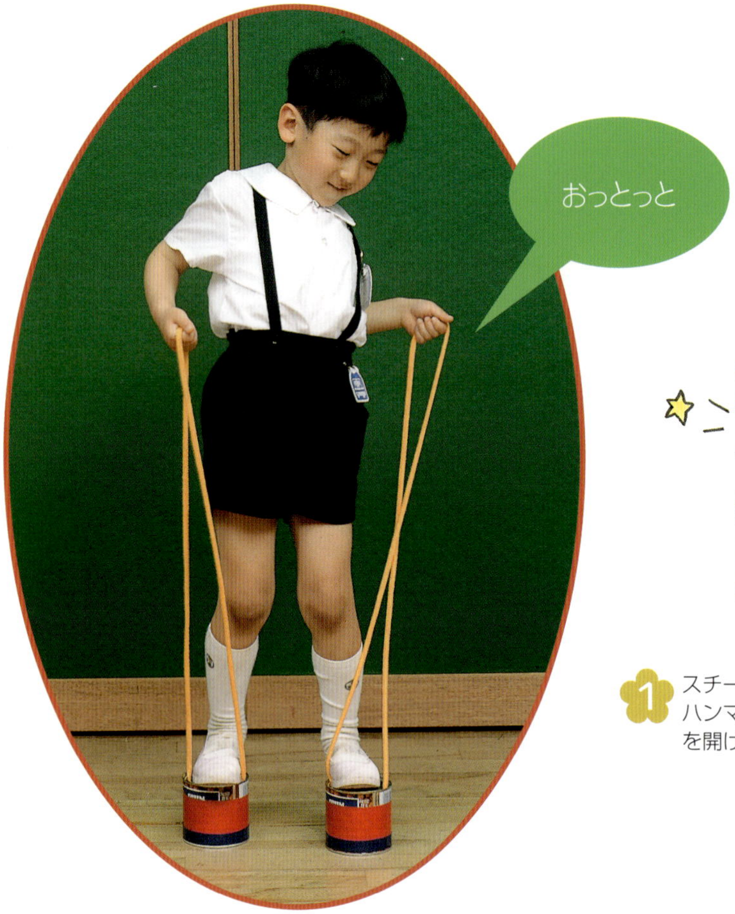
おっとっと

転ばないように
気をつけよう

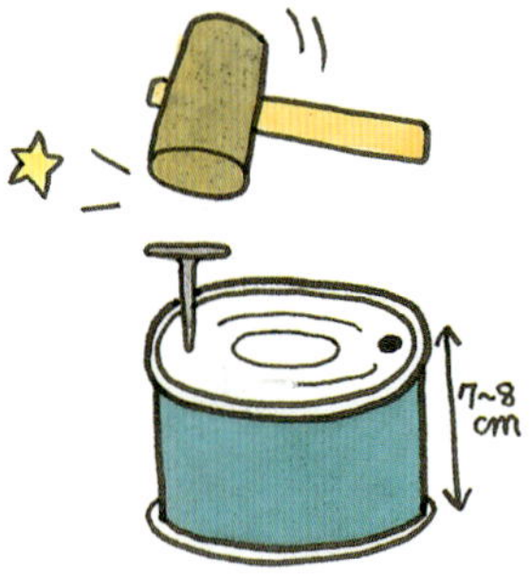
7~8
cm

1 スチール缶にくぎなどを当て、ハンマーでたたいて2か所に穴を開ける。

2 ひもを通して抜けないように結び目を作り、中にセロハンテープで鈴をつるす。

丸い形を利用して
ごろんごろん缶

材料

クッキーなどの平たく丸い缶1個、古乾電池、色画用紙、カラークラフトテープなど

手で揺らしても、
もとの向きに戻るよ

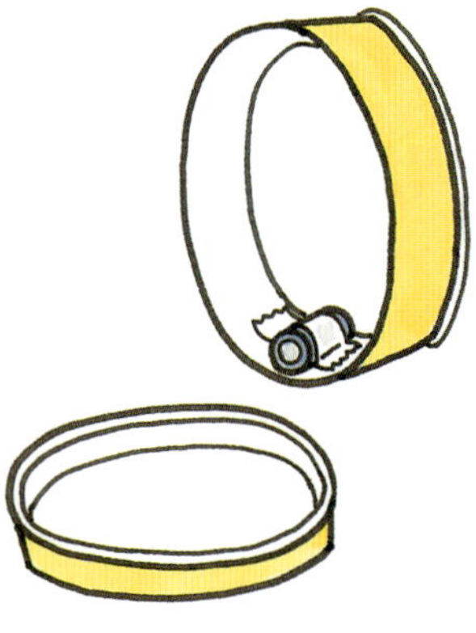

ごろん ごろんって
転がるよ

1 丸い缶のふたを外し、中に古乾電池をはり付ける。

2 下になる方向を確認して絵をはる。

たくさん使って

炎のカンカン運び

材料

2ピース缶（350ml、底がへこんでいるもの）数個、カラークラフトテープなど

1 缶の穴に指が入ると危ないので、プルトップをとって紙をはる。

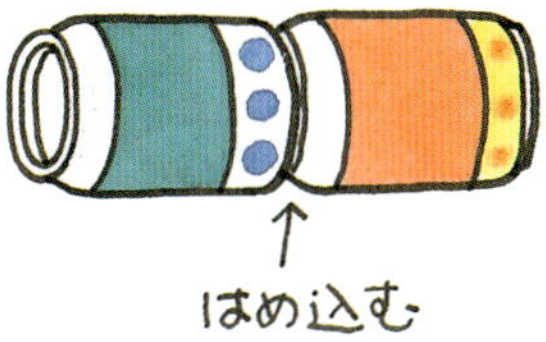

はめ込む

2 カラークラフトテープなどで飾る。

たくさん作って、いくつ運べるか競争しよう!

大丈夫かなあ
う〜〜っ

あ〜〜

たたくと音が鳴る

トンカンたいこ

材料

いろいろな空き缶、割りばし、カラークラフトテープなど

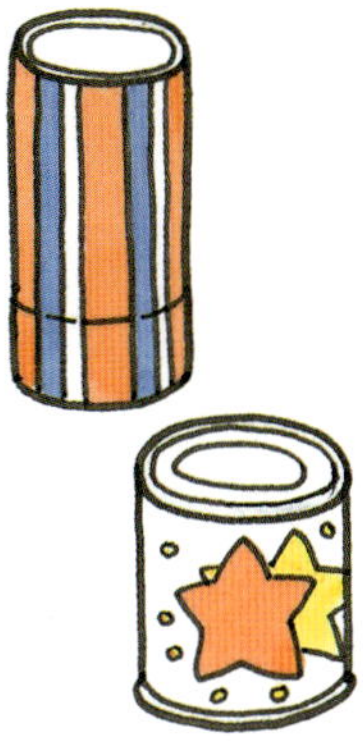

1 違った音を出すためにいろいろな形の空き缶をカラークラフトテープなどで飾る。

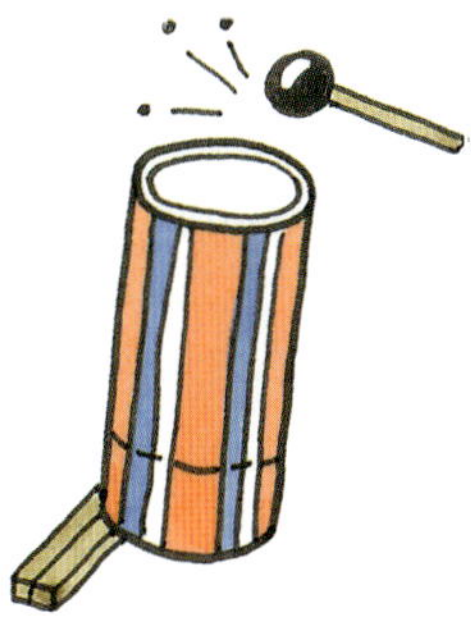

2 底をたたく。（割ばしなどを片側にかませて、少し浮かせるといい音が出る）

いろんな音がするね
カチ、コン!
カチ、コン!
トン!
カン!
コン!
カチッ!

ストローを使って音を鳴らす
ピーチク鳥

材料

空き缶（350ml）1個、ストロー1〜2本、色画用紙、セロハンテープなど

1本でも
2本でも可

中に水を入れると音が変わっていくよ

1. 空き缶のプルトップを取ってストローを当て、吹きながらよい音の出る向きを探す。
2. ストローをセロハンテープで留め、周りを紙で飾る。

ふって、ふって
リズムはまかせて!

プルトップを入れて音を鳴らす
シャカシャカマラカス

材料

スチール缶（350ml）1個、プルトップ10個くらい、色画用紙など

1. スチール缶のプルトップを取り、10個くらいのプルトップを1個の缶の中に入れ、紙をはって穴をふさぐ。
2. 紙に切り込みを入れたものをはる（しごいてカールさせる。側面などにしっかりはり付けると音が悪くなる）。

大きい缶を使って
百面相ボックス

材料

モール3〜4本、お菓子の缶（スチール）のふた、じしゃく数個

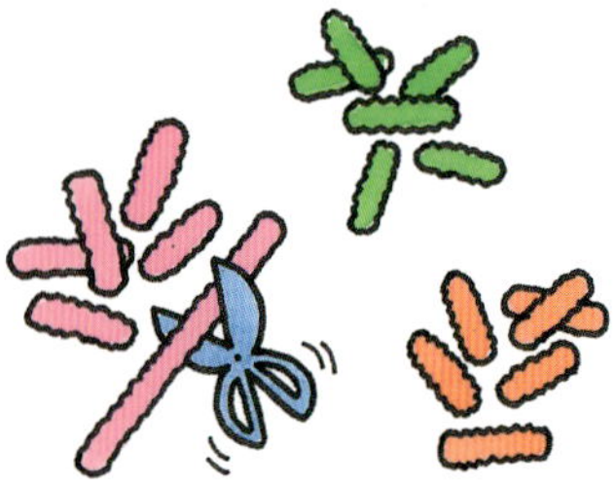

1. モールを3〜4cmの長さに切る。
2. 缶の後ろにじしゃくをはり、前には切ったモールをのせる。

後ろのじしゃくを動かして遊びます。いろんな顔ができます。

ポリ袋

身の回りには、ポリ袋がたくさんあります。水分がしみ込まない性質のため、水に弱い紙よりも用途が広く、とても便利に使われています。

特　徴

＊薄くてたためる

ゴミ用のポリ袋や、野菜などを入れる台所用ポリ袋の厚さは、0.02㎜〜0.04㎜で、とても薄くできています。ちなみに、ノートの紙などの厚さは約0.1㎜。それと比べても、ポリ袋はかさばりません。また、小さくたためるので、持ち運びにもとても便利です。

＊水も空気も漏らさない

水を入れても、しみ出したりはしません。空気を入れても漏らすことはありませんから、真空パックなどにも使えます。通気性がないため、顔にかぶると窒息の原因になります。

＊高密度ポリエチレン・低密度ポリエチレン

高密度なため、薄く伸ばすことができるのがポリエチレンです。乳白色をした、薄い使い捨てのポリ袋（かさや豆腐を入れる袋）に使われています。表面がサラサラしているので、物を入れやすく、厚いものはスーパーのレジ袋や商品を入れる袋に使われています。透明でつやがあるのは、低密度ポリエチレンです。

ためしてみよう

水を入れたポリ袋に竹串や鉛筆を刺してみると、破けずに、水も漏しません。ポリ袋が伸びて穴を小さくするため、刺さったものの回りにすき間ができないからです。

集め方

＊何が入っていたのか、具体的に

持ち手のある物、まちのある物、そして大きさもさまざまです。使う目的に合わせて集めましょう。具体的に「スーパーでもらう持ち手のあるもの」「かさを入れるもの」など伝えるとわかりやすいでしょう。また、炭酸カルシウム入りのゴミ用ポリ袋は、破けやすく造形にはあまり適していません。

保存の仕方

＊空気を抜いてたたむ

しわを伸ばし、空気を抜いてできるだけ薄くたたみます。丸めると、紙と同じようにかさが増えてしまいます。

ふくらませて
こいのぼりロケット

材料

かさ用ポリ袋、折り紙、サインペン、ビニールテープなど

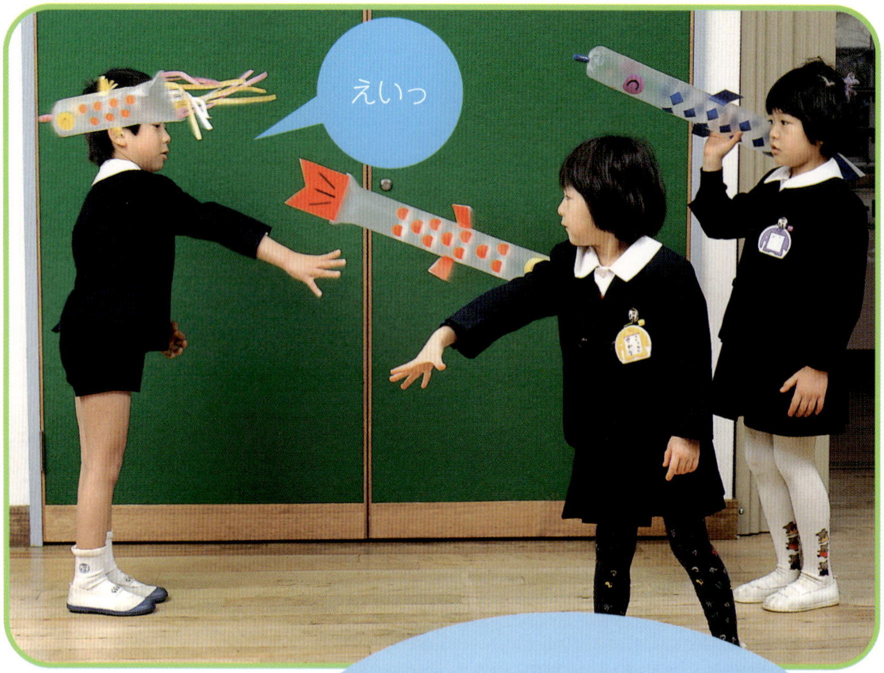
えいっ

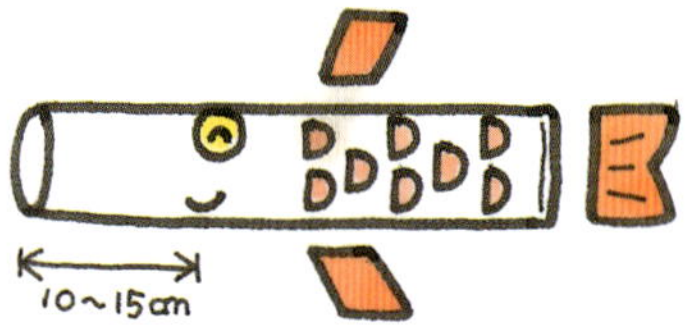
10〜15cm

1 口から10〜15cmを残して、目、うろこをかく（ビニールテープなどを切ってはってもよい）。尾、ひれは、折り紙などを切ってはる。

2 空気を入れて、ビニールテープで口を結ぶ。

できた

頭から
落ちるよ

3 投げ飛ばして遊ぶときは、結び目にビニールテープを1mくらい巻いておもりにする。

外につるして泳がそう!

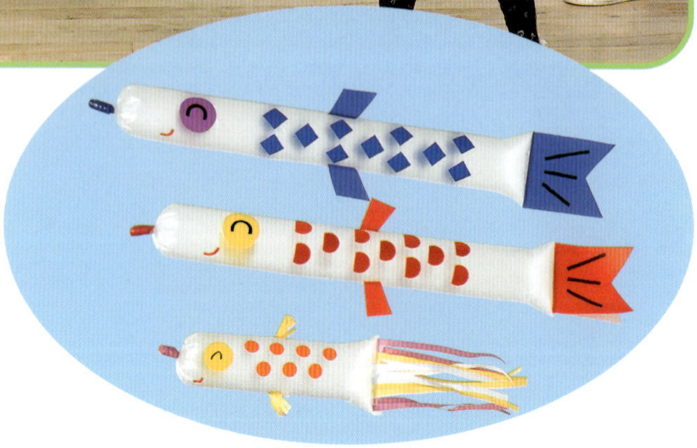

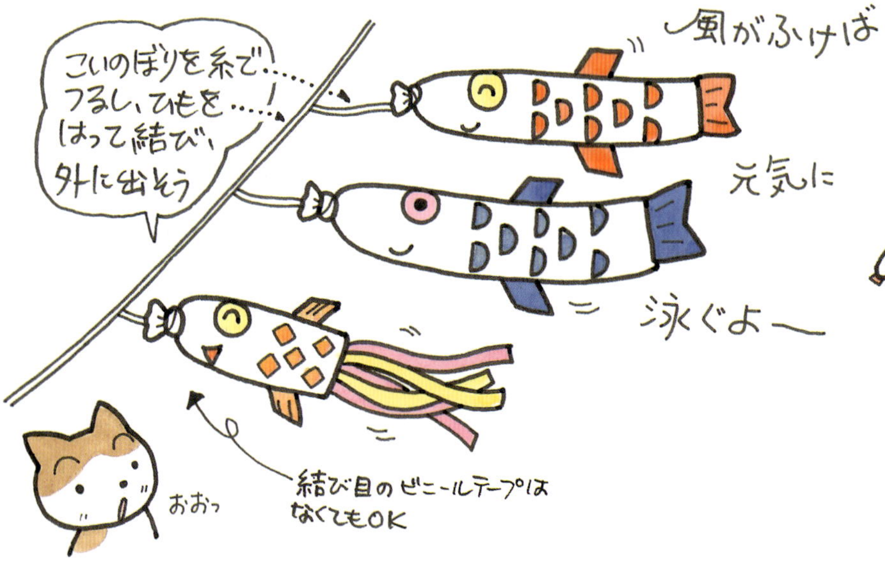
こいのぼりを糸で
つるし、ひもを
はって結び、
外に出そう
風がふけば
元気に
泳ぐよ〜
結び目のビニールテープは
なくてもOK
おおっ

ふくらませてはずませて
てんてんボール

材料

ポリ袋1枚、輪ゴム3～4本、セロハンテープなど

1 ふくらませて口を結ぶ。

2 底の角を折り上げ、セロハンテープで留めて、四角っぽい形にする。

3 輪ゴムをかけて、パンパンにして弾力を出す。よく弾む秘密は輪ゴムにあります。

まりつき
しましょ!
パン
パン

大きくふくらませて
ジャンボボヨヨンボール

材料

大きいゴミ袋（65×80cmくらい）1枚、輪ゴム30～40本くらい

1 輪ゴムをつなぎ長くしてかける。

2 作りかたは、てんてんボールと同じ。2人で口を広げて振り回すと早くふくらむ。

えいっ！
おっおおきい
ボヨヨーン

とっても大きなボヨヨンボールを作っても楽しいです。

ふくらませてやわらかい

フワフワポリぐるみ

材料

ポリ袋2枚、紙、ビニールテープなど（大きい袋を使えば、大きいものができます）

1 底のほうを4～5cm折ってテープで留める。

2 ふくらませると耳が飛び出る。顔を紙やビニールテープで作る。

3 普通にふくらませたものと、2をビニールテープなどでくっつける。

4 紙で手やしっぽを付ける（首のつなぎ目は、モールで隠して）。

ふくらませてまっすぐ立たせて

おきあがりブクロ

材料

ヘリウムガス（おもちゃ用）、かさ用ポリ袋1枚、紙皿（厚紙）、紙、紙テープなど

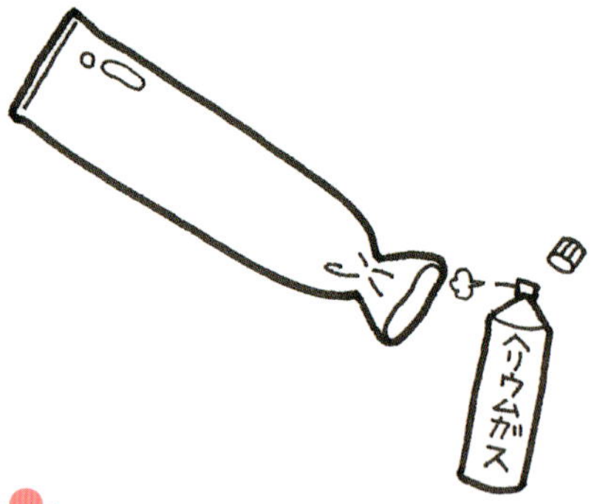

1 ヘリウムガスを入れて口を結ぶ。

2 厚紙や紙皿に切り込みを入れ、袋の結び目を入れて浮かないようにする（手は紙テープなど軽いもので作る）。

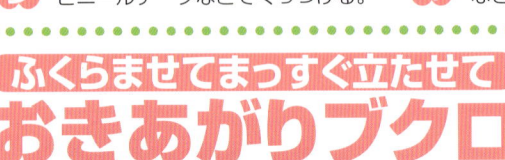

切ってつないでふくらませて
元気いっぱい大型マスコット

わあ、
大きいよ
ふわふわで
気持ちいいね！

大型マスコット

材料

大型ポリ袋適宜、色画用紙など

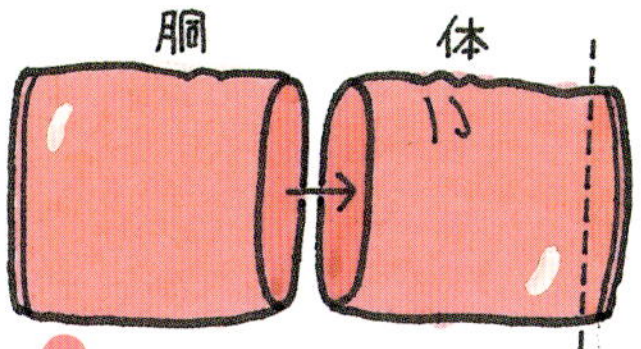
胴
体

1 大型ポリ袋を2つつなぐ。

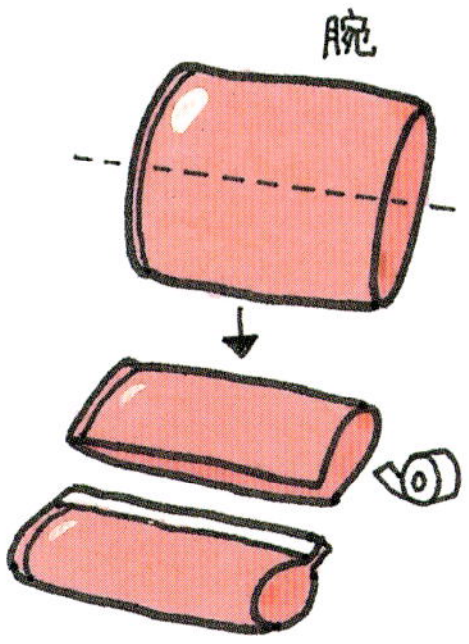
腕

2 大型ポリ袋を縦半分に切って、細長い袋を2つつなぐ。

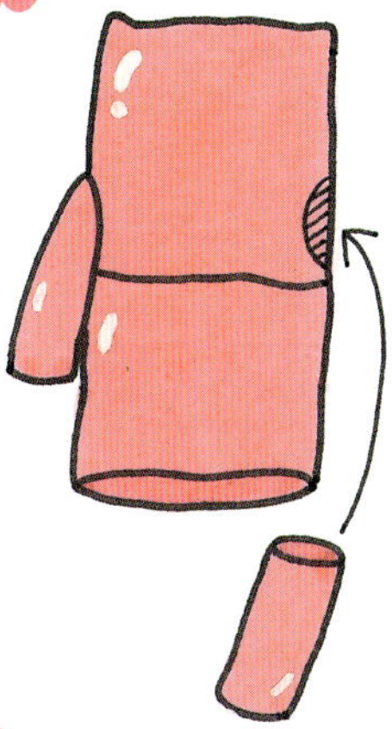

3 胴体の腕部分に穴を開け、腕をテープではる。

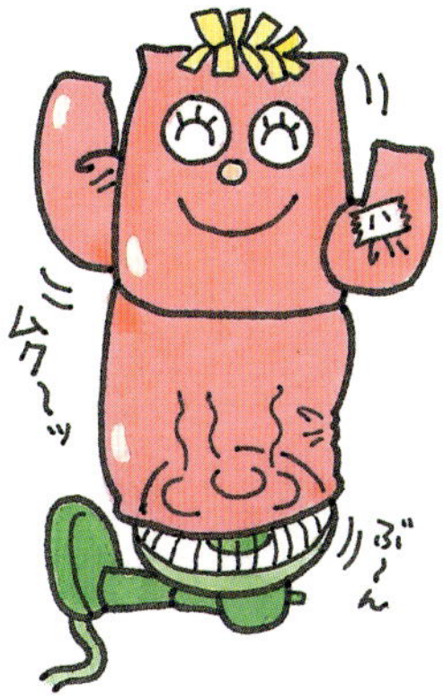
腕を曲げる場合は
セロハンテープで留める
ムク〜ッ
ぶ〜ん

4 顔や髪の毛などを装飾し、扇風機にはり付ける。扇風機で下から風を起こすと、ムクムクと立ち上がる！

＊回っている扇風機は危険なので、保育者が押さえたり、ダンボールで隠したりしてください。

おそろい応援ベスト

材料

スーパーマーケットの手提げ袋適宜、カラーポリ袋、ビニールテープ

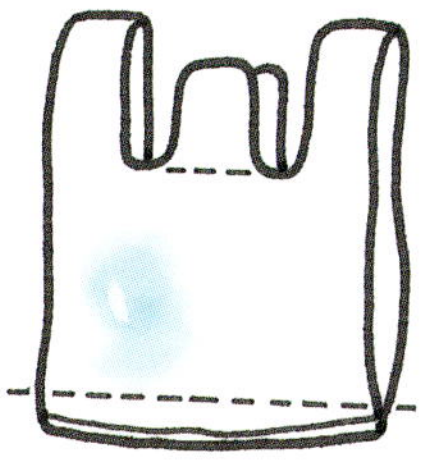

1 スーパマーケットの手提げ袋の底と、口を結ぶ部分を取る。

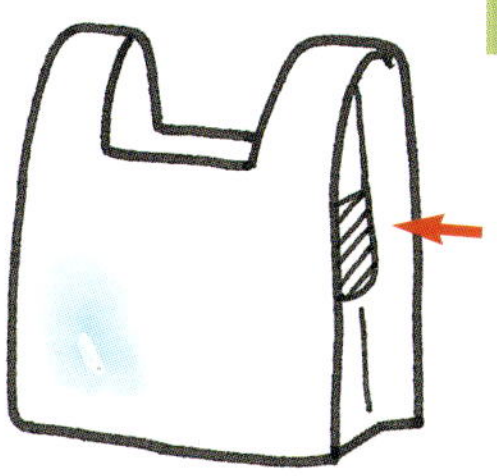

2 ←の位置を腕が入るように、大きめに切る。

3 カラーポリ袋やビニールテープなどで、おそろいのマークを付ける。

園やクラスで
キャラクターを
作ると、
盛り上がるよ!

穴を開けてふくらませて
焼きもちフーフー

材料

ポリ袋適宜、スチレン皿、ストロー、ダンボール、シールなど

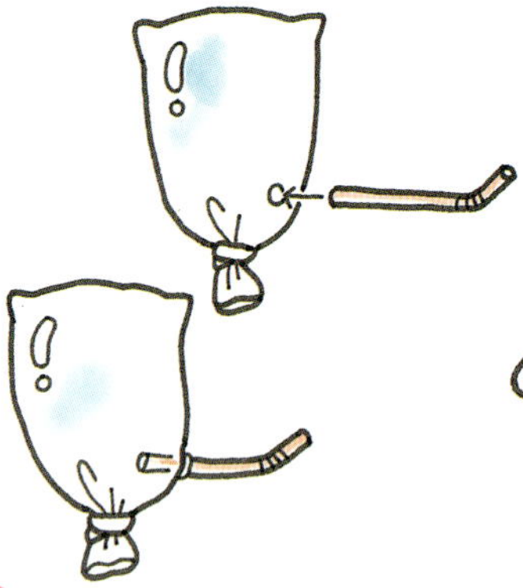

1 ポリ袋の口を結び、穴を開けてストローを差し込み、空気がもれないようテープで留める。

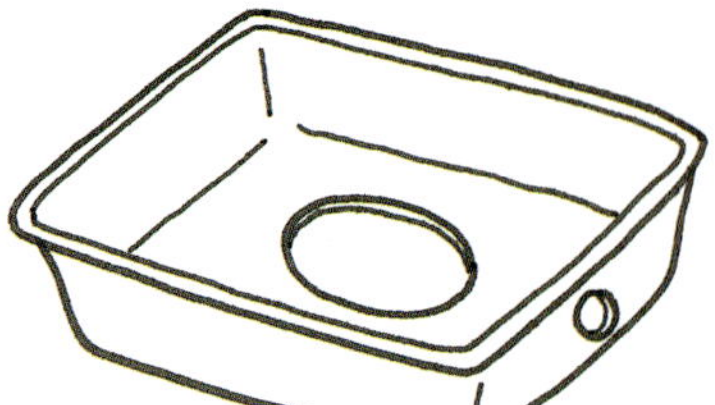

2 スチレン皿に図のように穴を開ける。

3 ストローとポリ袋が穴から出るように取り付ける。

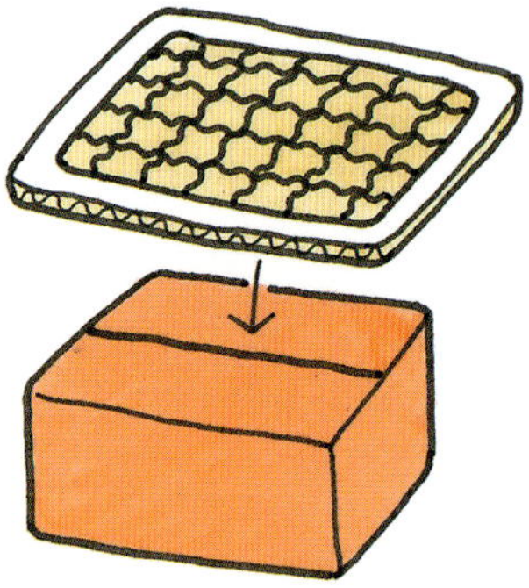

4 ダンボールにもち網の絵を描き、ダンボール箱に乗せ、その上で遊ぶ。

切ってつなげて
ままごとのおうちを作ろう

材料

カラーポリ袋適宜、カラークラフトテープ、牛乳パックなど

ハウス型

1 大型のカラーポリ袋を切り取り、壁、入り口、屋根を図のように作る。

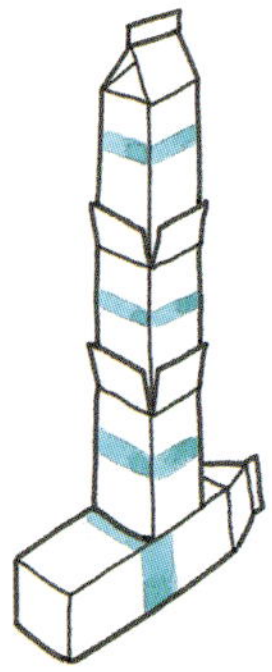

2 牛乳パックをつないで柱にしたり、保育室の壁を利用したりして、家の形にする。

テント型

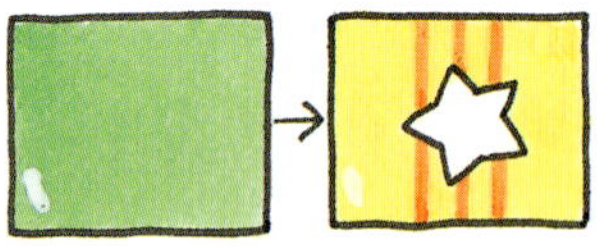

1 大型のカラーポリ袋2枚をつなげ、窓の穴を開けたり、カラークラフトテープなどで装飾する。

2 上部にひもを通してしぼり、天井などからつるす。

はってふくらませて
コンパクト水族館

材料
ポリ袋適宜、ビニールテープ、厚紙、ひも、包装紙など

ペチャンコのバッグが…
こんなにふくらんで大きな水族館になるよ
じーっ
変身!

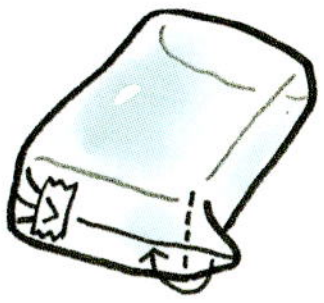

1. ポリ袋の底を図のように折り、マチを作る。

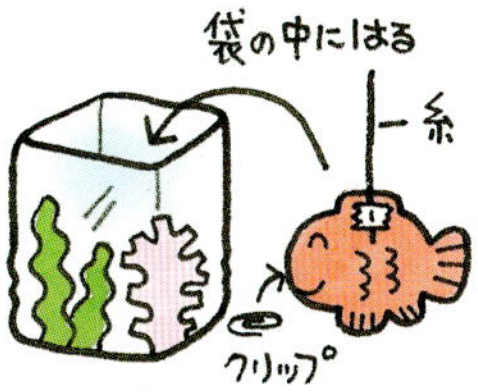

袋の中にはる
糸
クリップ

2. ビニールテープや油性サインペンで絵を描き、色画用紙で作った魚を糸でつるす。

3. バッグの形に切った厚紙に、袋の底面をはる。

4. ポリ袋をたたみ、厚紙をふたつ折りにし、持ち手や結びひもなどをリボンで付ける。

しばって詰めて
カラフルてるてる坊主

材料
カラーポリ袋適宜、ティッシュペーパー、ビニール袋など

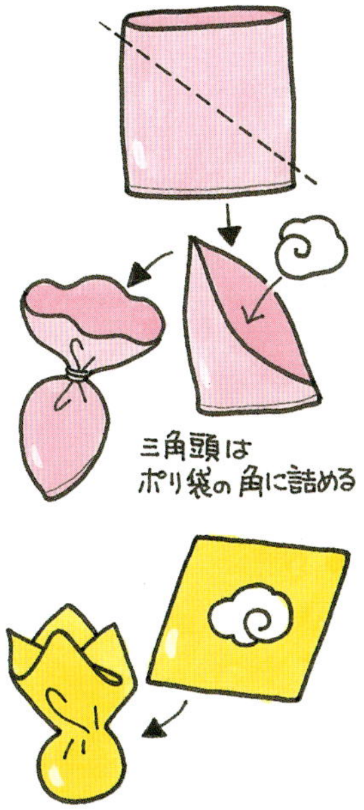

三角頭はポリ袋の角に詰める

すそをかわいく切ってもらったの

1. カラーポリ袋を図のように切り取り、ティッシュペーパーなどを詰める。
2. 細長く切ったカラーポリ袋で、リボンのように首をしばる。

棒につなげて風を入れて
フレフレ応援旗

材料
カラーポリ袋1枚、ビニール袋、棒など

1 カラーポリ袋の口の端を棒に結ぶ。

2 ビニールテープなどで飾る。

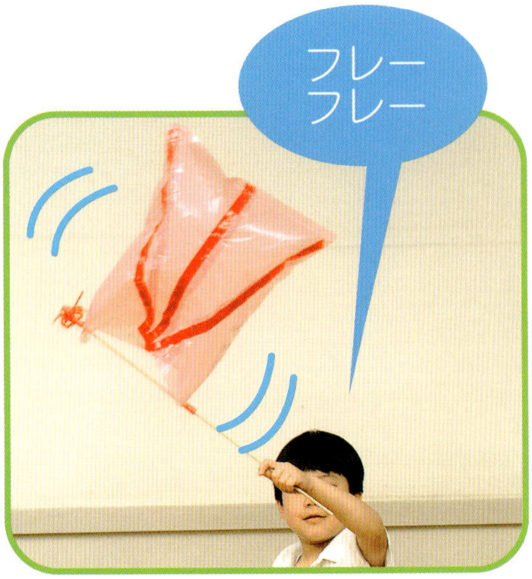

棒につないでふくらませて
ふわふわ横断幕

材料
カラーポリ袋適宜、ビニール袋、棒、ビニールテープなど

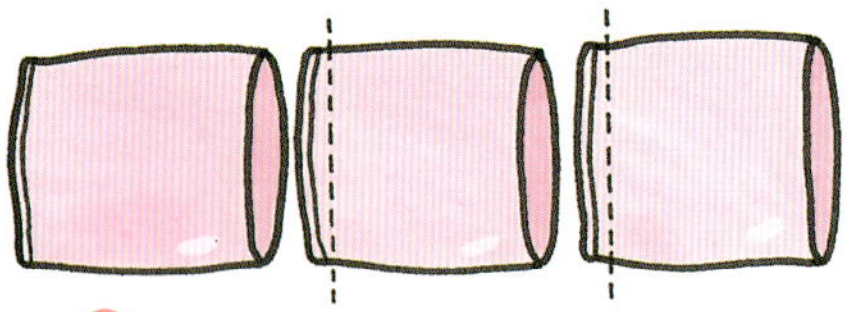

1 カラーポリ袋をつないで長い袋にする。

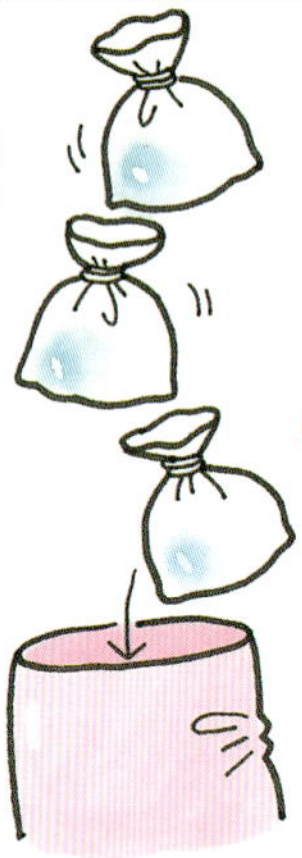

2 小さいビニール袋をふくらませて、中に詰める。

3 ビニールテープなどで飾り、両端の袋の口を棒にはる。

ひもにつないで風になびかせて
パタパタ万国旗

材料
カラーポリ袋適宜、油性サインペン、両面テープ、ひもなど

1 カラーポリ袋を底面を残して切り、ひもをはさんで両面テープではり合わせる。

2 油性サインペンなどで絵を描く。

透明容器
（固いもの）

透明のプラスチック容器は、手でつかんだくらいでは変形しないくらいの堅さのものを、固いものとしています。不透明でも固いものは仲間に入れてあります。

特　徴

形がいろいろ

形成しやすい材料なので、中の商品によって、いろいろな形の容器があります。フィルムケース、景品のカプセルなどはふたがぴっちりと閉まるので、使いやすいでしょう。

はさみで切れる

厚いプラスチックでもはさみで切れるものがあります。万能ばさみを用意すると便利です。刃の奥の方で少しずつ力を入れて切りましょう。勢いよく切ると、ひびが入ったり、割れてしまったりするので注意しましょう。

水に強い

水をはじいてしまうので、着色は油性のペンがよいでしょう。接着剤もつきにくいので装飾も兼ねて、セロハンテープや両面テープ、ビニールテープを使います。

集め方

例にメーカー名などのあげて

同じプリンの容器といってもさまざまな大きさがあります。メーカーや商品名を具体的に伝えれば、集める目安になるでしょう。

よく洗う

水でゆすいだだけでは、こびりついて、きれいにならないものがあります。よく洗って乾かしたものを集めましょう。

保存の仕方

必ず袋に入れておく

プラスチックは、置いておくと汚れが着きやすいので、袋に入れて保存しましょう。

透明容器
（薄いもの）

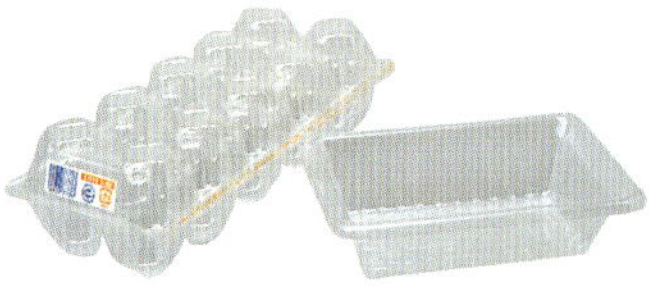

たまごやイチゴなどが入っていた容器はだいたい同じ大きさをしています。薄くて透明なので透明感を生かした造形に向いています。

特　徴

はさみで切れる

普通の紙を切るはさみで簡単に切ることができます。透明なので、切っている場所がわからなくなってしまわないように、切るところには、油性ペンで印を付けておくとよいでしょう。

固い縁

イチゴや豆腐のパックは、容器の縁が厚く、固くなっています。この縁を切り取ってしまうと急に形が崩れて使いにくくなってしまいます。

表面がツルツル

中に物を詰めて、プラスチックのツルツルした表面を通して見ると、中の材質が変化が出ます。

ためしてみよう

熱でくにゃくにゃ透明容器

たまごパックや、お豆腐のパックをアルミホイルの上に置いて、オーブントースターで熱すると、すぐにくにゃくにゃになって平らになってしまいます。

くにゃへ

集め方

集める期間を考えて

たまごのパックなどは季節には関係なく、一年中集めやすいものです。ですが、急にたくさんは集めることができないものですから、自然に集まる期間を考えて、早めに伝えましょう。

来月の5日に
持ってきて
ください！

保存の仕方

重ねて箱に入れて

薄くてつぶれやすいので、同じ形の容器は重ねて、箱に入れておきます。

スチロール

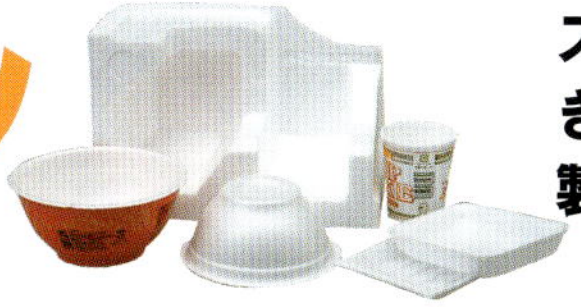

ダンボールの中にあるパッキング用としてのスチロールは、パルプ製品の物が多くなってきました。軽さや保温性の点からスチロール製品は活用されています。

特　徴

軽い

発泡スチロールの中は空気がいっぱい詰まっているので、とても軽いです。薄くて軽くて張りもあるので、形がしっかり作れて、飛ばす物などには最適です。また、水にも強いので水に浮かべる遊びにも適しています。

形がいろいろ

カップめんの容器の形は、種類が豊富です。スチロール皿も大きさがいろいろ。印刷の色などが、どぎつくついていないので、使いやすいでしょう。

切りやすい

薄い物ならはさみで切れます。カッターナイフでも簡単に切れるし穴も開けやすく、扱いやすいでしょう。

ためしてみよう

スチロールにマジックインキを塗ると溶けてへこんでしまいます。この性質を使ってスタンプ作りなどもできますが、臭いガスが出ますので、試みるときには、窓を開けるなど換気をよくするよう気を付けましょう。

へこんで みぞができちゃった

集め方

とにかくよく洗って

肉や魚など生ものが入っている場合が多いので、よく洗います。カップめんは脂っこいので汚れが取れない場合があります。できるだけ、汚れのないものを使いましょう。

保存の仕方

袋に入れて

ほこりなど、とても汚れがつきやすいので、袋に入れて封をしてしまいましょう。

はってたたいて
ころころゲートボール

材料

ヨーグルトなどの空き容器適宜、景品のカプセル、ダンボール、ストロー、色画用紙など

入るかな～？
それっ！
3
コンッ

あっ
6
2
コンッ
3
何ホールも作って遊ぶと楽しいよ！

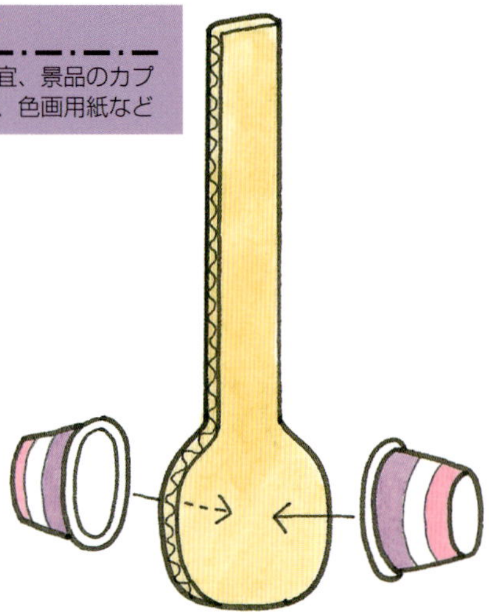

1 ダンボールを図のように切り取り、プラカップをはる。

2 2本つなげたストローをプラカップに差して、テープで留める。

3
3
3

3 色画用紙に番号を書いて、ストローのゲートに付ける。※景品のカプセルをボールにする。

飾って立たせて
ミニミニボーリング

材料

乳酸菌飲料の空き容器適宜、景品のカプセル、ビニールテープなど

1 乳酸菌飲料の空き容器と、景品のカプセルをビニールテープで飾る。

飾ってはめて
簡単指人形

材料

乳酸菌飲料の空き容器1個、端切れ、色画用紙など

1 端切れの図の位置に首と腕の穴を開ける。

2 乳酸菌飲料を首の穴に入れて留め、色画用紙で飾る。

中に詰めて穴を開けて
シャッカシャッカ楽器

材料

フィルムケース、ひご適宜、プラスチックの玉、ビニールテープなど

1 フィルムケースの底に穴を開け、ひごを通して、抜けないようにビニールテープを巻く。

2 プラスチックの玉を入れ、ふたを閉じる。

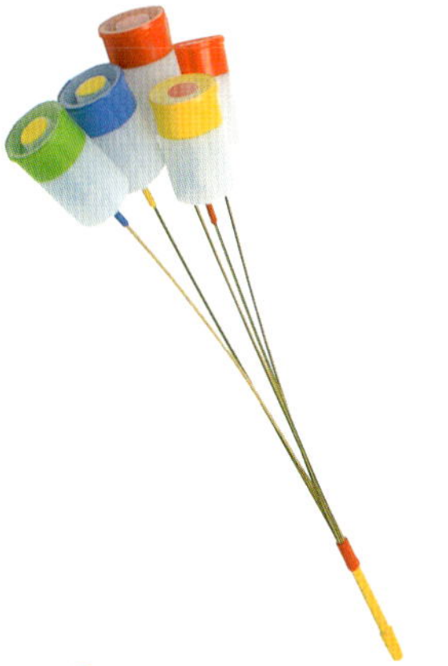

3 何個か作ったら、ひごをまとめて、ビニールテープで持ち手を付ける。

はめて回して
ほかほかタコ焼き

材料

ゼリーなどのプラカップ適宜、景品カプセル適宜、ダンボール、折り紙など

タコ焼きは
いかがですかー？
おいしそう

1 ダンボールを図のような形に切り取り、プラカップがピッタリ入る穴を開ける。

2 穴に折り紙を細かく切ったものを入れる。

3 カプセルに両面テープをたくさん付け、穴に入れて、ころころ回す。

皿に盛って、
できあがり!

はってかぶせて
ネコとネズミのデッドヒート

材料

ゼリーなどのプラカップ適宜、油粘土、ビー玉、輪ゴム、色画用紙など

ネコ

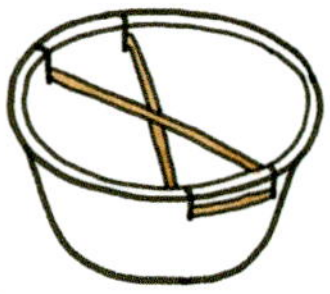

1 プラカップに図のように切り込みを入れ、輪ゴムをクロスにしてかける。

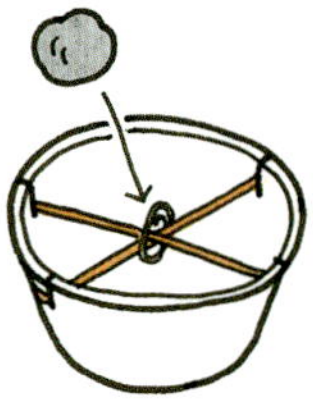

2 輪ゴムのクロスした部分にクリップをはさみ、油粘土を丸めて付ける。

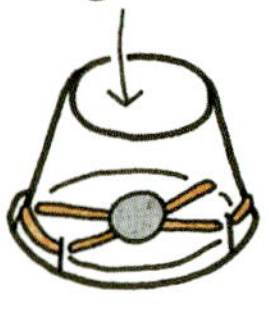

3 プラカップの上部に色画用紙のネコをはる。

ネズミ

1 プラカップの上部に色画用紙のネズミをはる。

2 プラカップをビー玉にかぶせる。

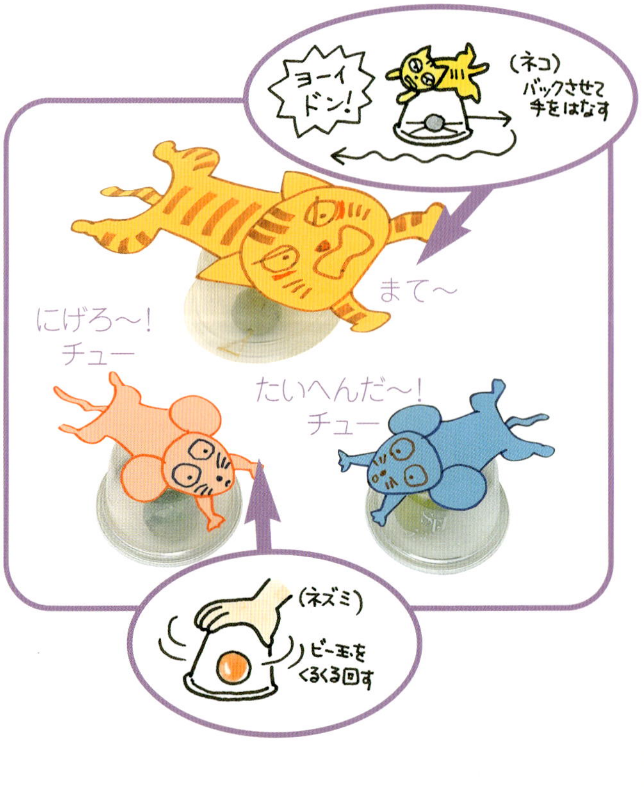

ヨーイドン！
（ネコ）
バックさせて
手をはなす
まて～
にげろ～！
チュー
たいへんだ～！
チュー
（ネズミ）
ビー玉を
くるくる回す

切って透かして
カラフル立体ステンドグラス

材料

たまごパック適宜、カラーセロハン、油性サインペン、シール、色画用紙、ビニールテープ、テープなど

魚

1 たまごパックを図のように切って、尾ひれと胴体部分にし、色画用紙の顔とひれを付ける。

窓にはって 光を通すと
きれい!

2 カラーセロハンを丸めてパックの中に入れ、テープで留める。

カメ

1 たまごパックを図のように切り、油性サインペンやシールなどで飾る。

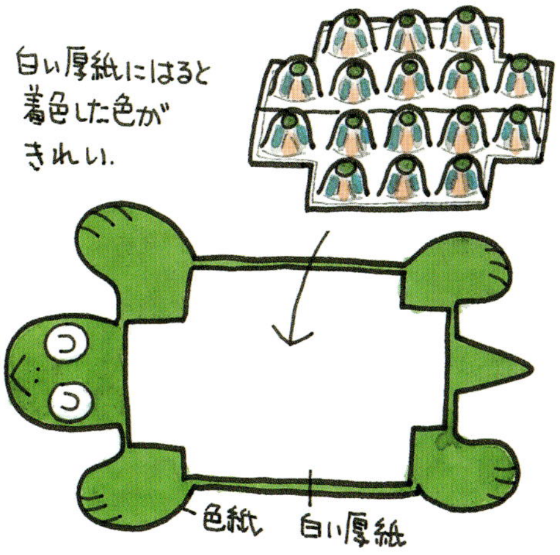
白い厚紙にはると
着色した色が
きれい。
色紙
白い厚紙

2 色画用紙をカメの形に切り、その上から1をはり付ける。

日に当たる窓に
はったり、
スタンドのあかりに
照らしてみよう

りゅうぐうじょうの
カメさん
みたいだ~
わあ
きれい!

切ってぶら下げて
キラキラお飾り

材料

たまごパック適宜、カラーセロハン、油性サインペン、シール、色画用紙、ビニールテープなど

キラキラ
お飾り
好きな色で
塗って
作ったよ

角型

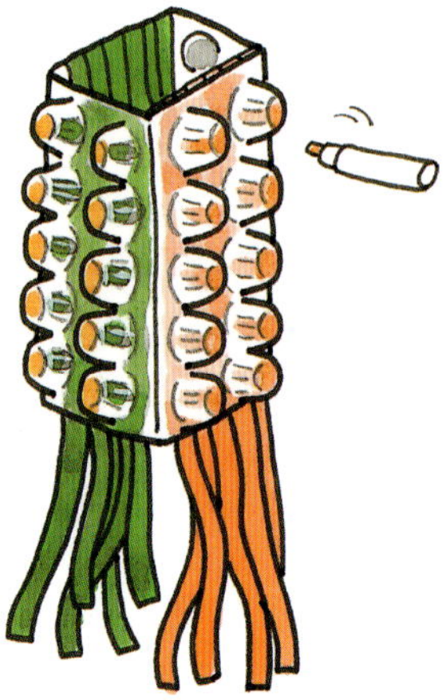

1 たまごパックふたつをビニールテープではり合わせ、内側から紙テープをはり、油性サインペンで好きな色を塗る。

どこに
かざろうかな

星型

1 色画用紙を星型に切り、たまごパックを図のように切り取ってはり、紙テープで飾る。

流し型

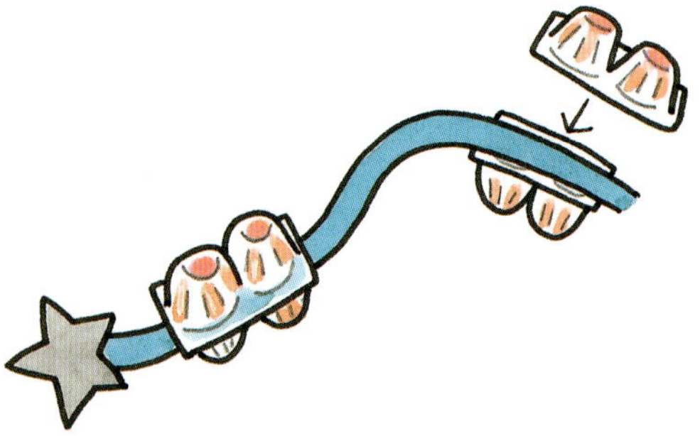

1 たまごパックを図のように切り取り、紙テープにはさんではり合わせ、星型などの短冊をはる。

切って塗って 七色メガネ

材料

たまごパック1個、油性サインペン、色画用紙など

いろんな色に見えるぞ！

切り込みを入れると曲がりやすい

1 たまごパックを図のように切り取り、V字の切り込みを入れる。

2 色画用紙のベルト部分を付け、油性サインペンでカラフルに塗る。

詰めてはって おいしいデザート

材料

イチゴパック適宜、たまごのパック適宜、ティッシュペーパー、紙コップなど

クリームソーダ

1 紙コップにティッシュペーパーやお花紙を丸めて入れる。

2 たまごパックを図のように切り取り、ティッシュペーパーやお花紙を詰めて接着する。

おいしいね
うん

ケーキ

色紙をはる

1 透明容器にテッシュペーパーやお花紙などを丸めて入れ、紙皿やアルミ皿にはり付ける。

2 クリームソーダの2と同じ。

穴を開けてひもを通して
おたふくのすず割り

材料

カップめんのどんぶり型空き容器2個、箱型空き容器1個、ひも、つまようじ、色画用紙、フィルムケース、粘土など

あっ！
割れたね！
あれ？
でたー！
おもりを
のせていくと…

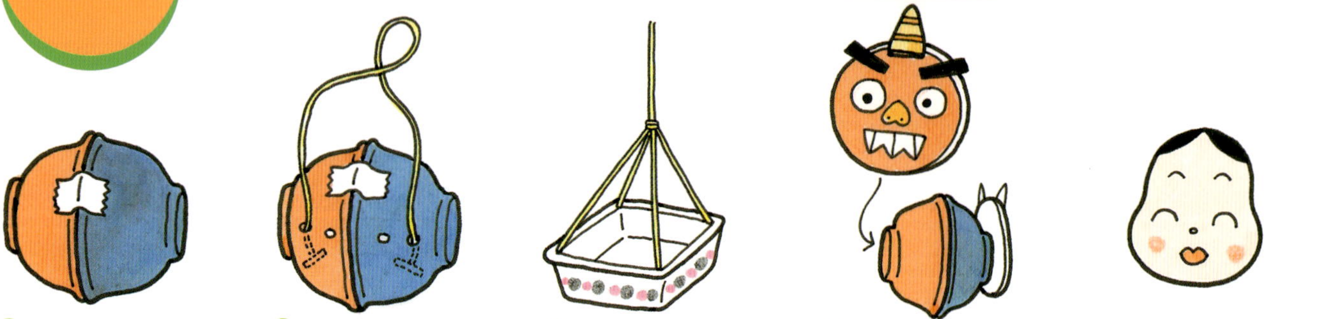

1 どんぶりを向かい合わせにし、1か所を留める。

2 図のように4か所に穴を開け、外側の穴2つにひもを通し、内側でつまようじに結び付けて固定する。

3 箱型の空き容器の4隅に穴を開け、ひもを通して1か所にまとめ、つるせるようにする。

4 カップめんのふた、両方におにの顔を作り、底のほうに接着する。

5 色画用紙でおたふくを作る（カップの中に収まる大きさで）。

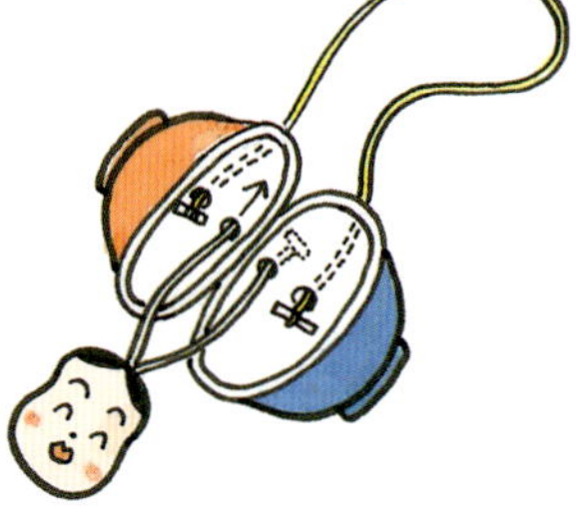

6 内側の穴ふたつに、中からひもを通し、外側からつまようじで留め、一方をおたふくの上部に留める。

粘土

7 箱型カップのつりひもをおたふくの下部につなげる。フィルムケースに粘土などを入れ、それをおもりにする。

いたーい

本物の豆を投げて、どっちが早く開くか競争してもよいでしょう。

重ねてひもを通して

雪だるまのすず割り

材料

カップめんのコップ型容器（小）１個、どんぶり型（小）２個、どんぶり型（大）２個、ひも、ゴムひも、紙テープ、クリップ、色画用紙、厚紙など

せーの！
くいっ
きれいね！
あっ出た！
引っ張ると…

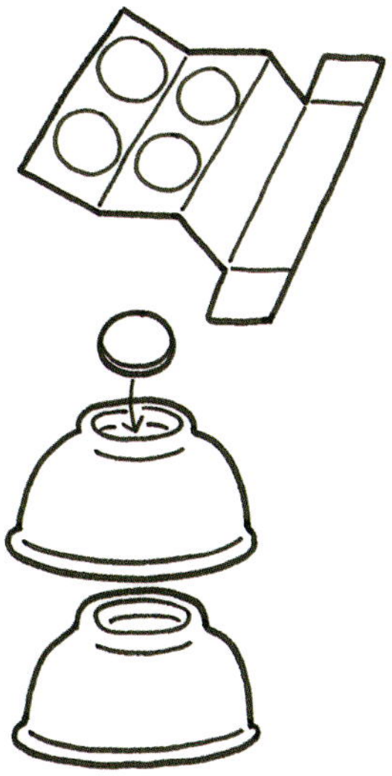

1 牛乳パックなどの厚紙をどんぶり型（大）の底の大きさに切り、どんぶりの底の外側と内側にはる。

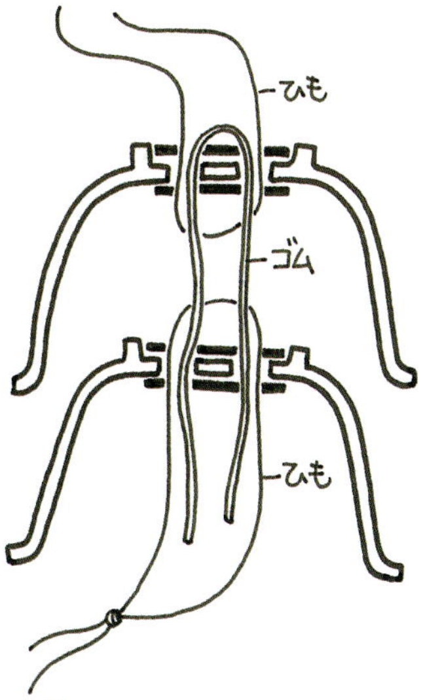

ひも
ゴム
ひも

2 底に２か所穴を開け、ひもとゴムを図のように通す。

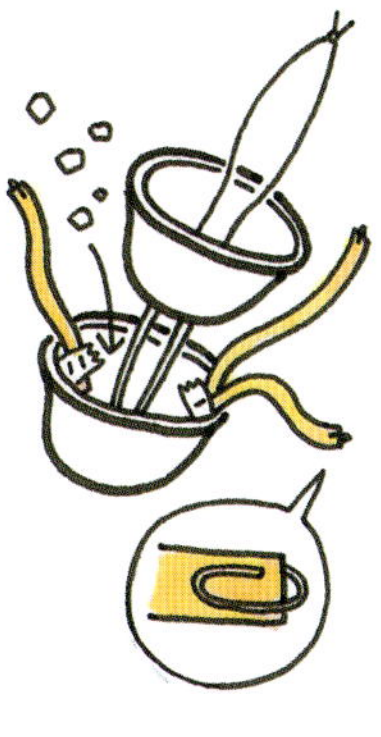

3 上になる容器の内側にしかけ（紙テープや紙吹雪など）を作り、ふたつの容器が重なるように、ゴムひもの長さを調節する。紙テープの先には、おもりになるクリップをつけておく。

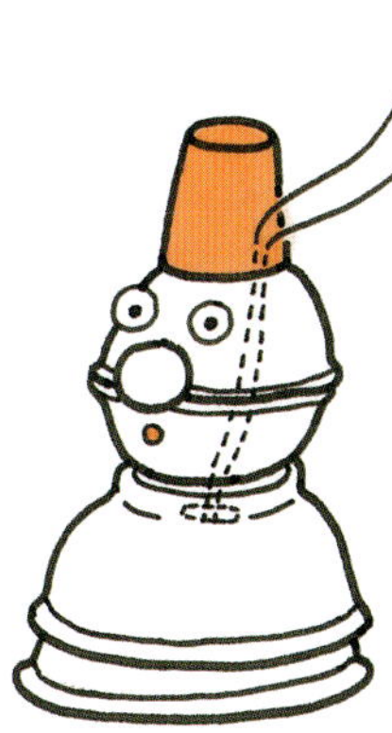

4 どんぶり型（小）をはり合わせて頭を作り、コップ型（小）を帽子にして、中央にひもを通してから、はり合わせる。

切って重ねて

スチレングライダー＆フリスビー

材料

スチレン皿適宜、ビニールテープ、クリップなど

しょうぶ!
それっ!

スチレングライダー

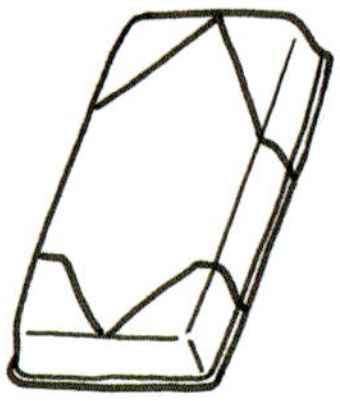

1. スチレン皿をムササビやロケットの形に切り取る。

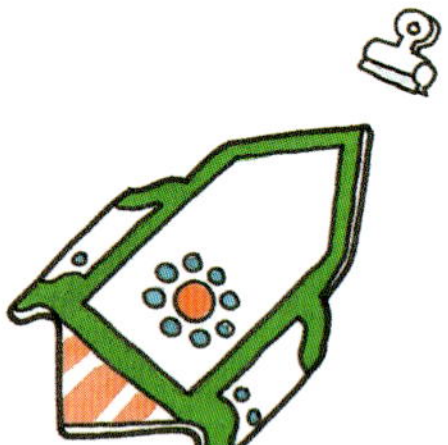

2. ビニールテープやシールなどで飾り、先端にクリップなどのおもりを付ける。

スチレンフリスビー

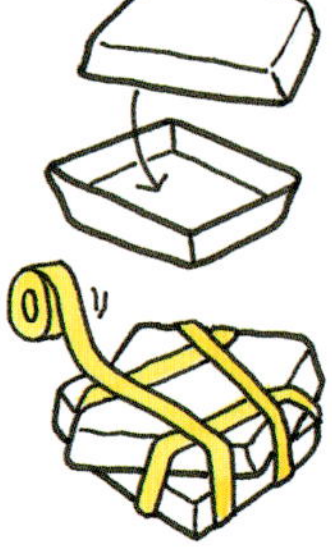

1. スチレン皿をふたつ重ねてビニールテープで巻いて留める。

2. シールなどで飾る。

はさんでくっつけて

クルリン羽根つき

材料

スチレン皿適宜、ティッシュペーパー、ビニールテープなど

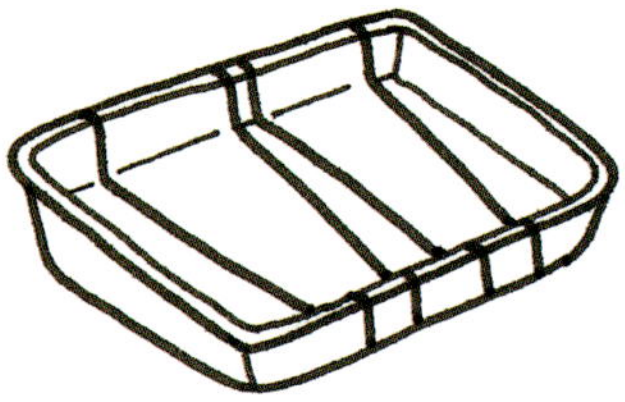

1. スチレン皿の曲がったへり（ふち）を利用して、図のように切る。

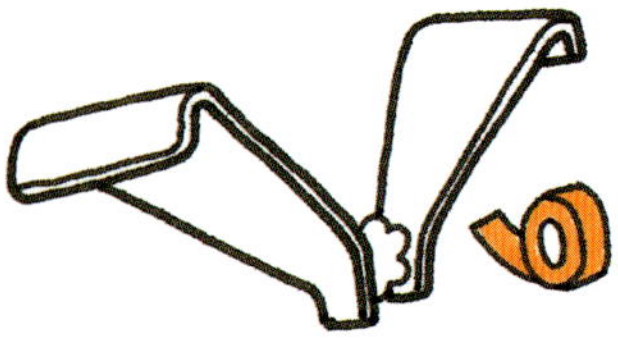

2. ティッシュペーパーなどをはさんで、おもりになるようにビニールテープでぐるぐる巻きにする。

スチレン皿の底や固いもので打って遊ぼう

何回つけるかな？
うふふ

切ってはり合わせて
クルクルうさぴょんグライダー

材料
ステレン皿適宜、ストロー、色画用紙など

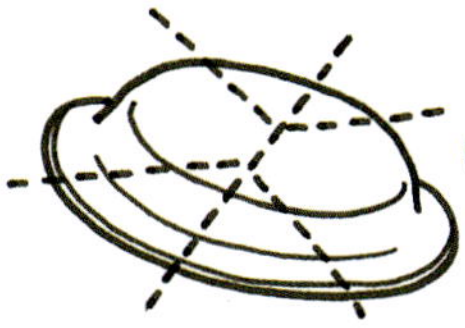

1 スチレン皿を図のように切り、羽の形にする。

2 ストローの先を、曲げて留め、うさぎの顔を付ける。

3 羽根に飾りなどを付け、裏をはり合わせて接着し、ストローにはさんで留める。

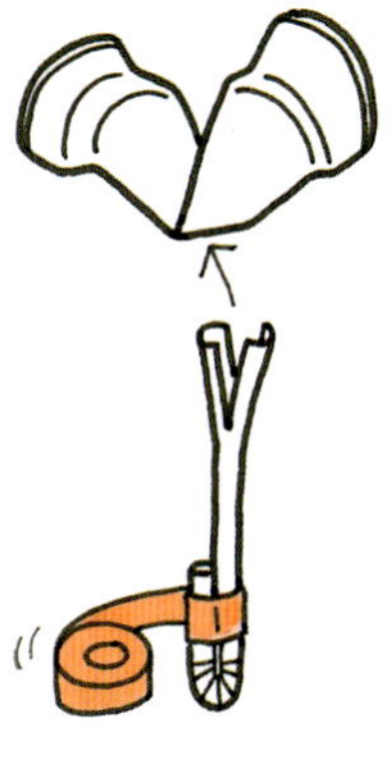

切って塗って
起き上がりこぼし

材料
梱包用パッキンなどの発泡スチロールの固まり適宜、おもり（釣り用、石など）、ペンなど

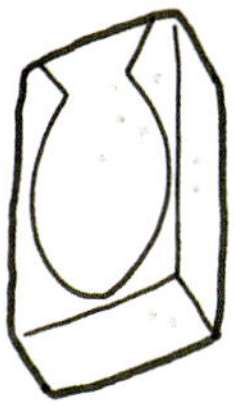

1 カッターの刃を長めに出して、好きな形に削る。

2 穴をほじって、おもりを埋め込む（取れないように）。

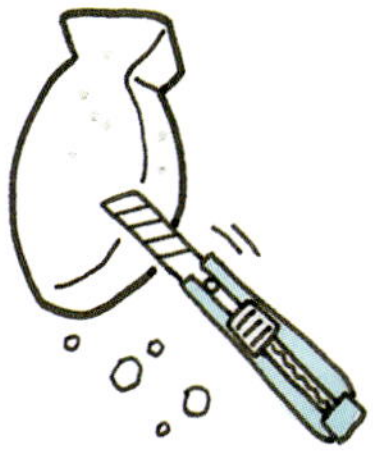

3 ペンなどでカラフルに塗る。

切り抜いて色を塗って
インスタントステンシル

材料
スチレン皿適宜、画用紙、絵の具、クレヨンなど

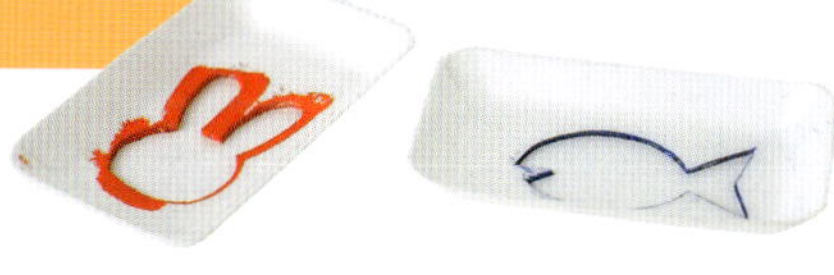

1 スチレン皿に好きな形の穴を開ける。

2 画用紙に当てて、絵の具やクレヨンでかく。

形を抜いて模様をつけて
楽しいおやつタイム

材料

底が波型になっているスチレン皿適宜、普通のスチレン皿、クレヨン、クッキー型など

ポテト
おいしい！
ねっ
パリッ

ポテトチップス・フライドポテト

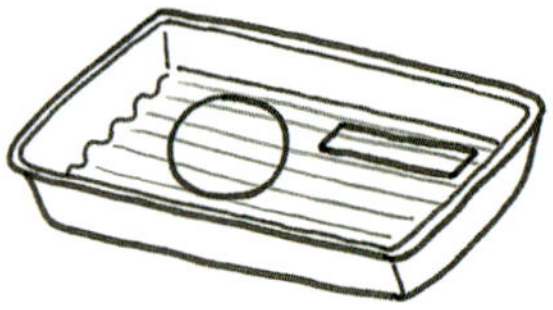

1 底が波型のスチレン皿をそれぞれの形に切り取る。

2 クレヨンで塗る。

ビスケット

1 スチレン皿の底を丸く切り取り、クッキー型などで押してへこませる。

2 クレヨンで塗って、模様を出す。

形を作って絵の具を塗って
ぺたぺたスタンプ

材料

梱包用パッキン適宜、絵の具など

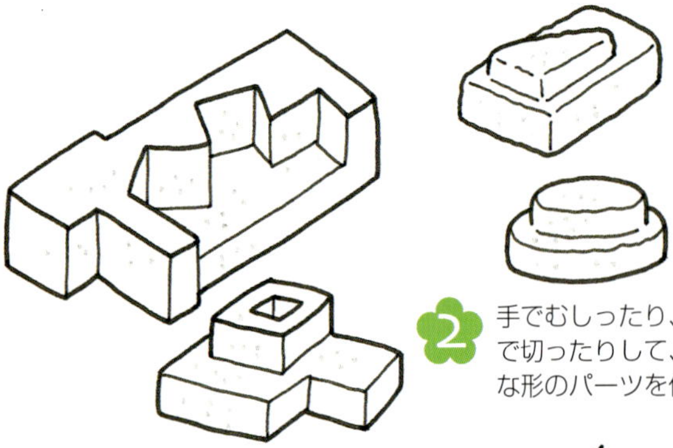

1 ダンボールなどに入っている梱包用パッキンで、おもしろい形のもの集めておく。

2 手でむしったり、カッターで切ったりして、いろいろな形のパーツを作る。

3 絵の具を付けて、スタンプのように、紙に押して遊ぶ。

鬼の顔に
なったよ！

お店やさんごっこをしよう 1

いろんなお店ができるよ！

本書で紹介している作品を組み合わせて、お店やさんごっこができます。ここでは、お店の種類を紹介します。

お菓子

ポテトチップス

48ページ

ケーキ

43ページ

ビスケット

48ページ

クレープ

15ページ

サンドイッチ・ピザ

サンドイッチ

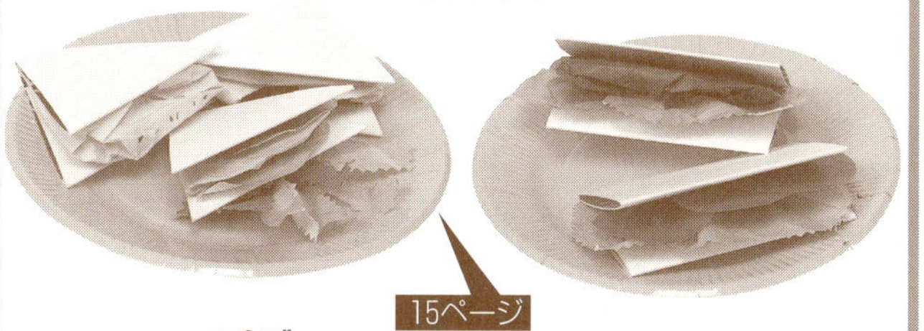

15ページ

ピザ

94ページ

フライドポテト

48ページ

焼きとり・タコ焼き

焼きとり

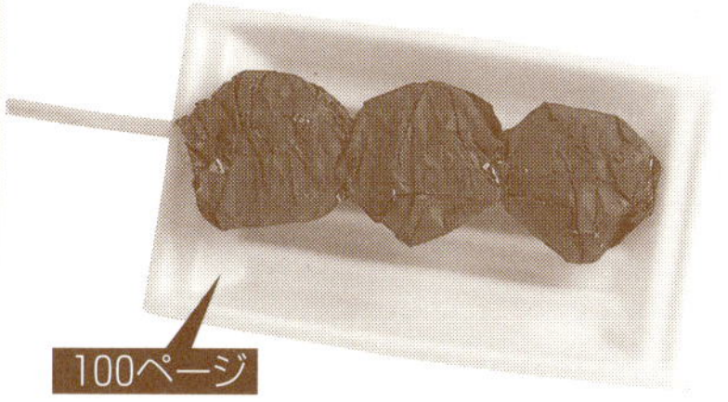

100ページ

タコ焼き

40ページ

おでん・フランクフルト

おでん

100ページ

フランクフルト

100ページ

バーベキュー・わたがし

バーベキュー

78ページ

わたがし

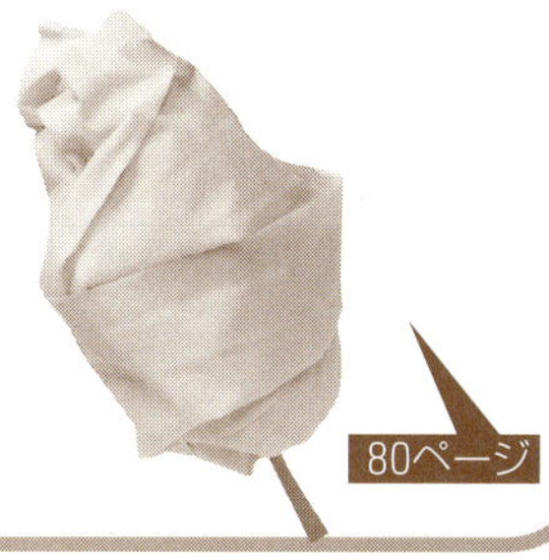

80ページ

野菜や

イチゴ　カブ　ダイコン

106ページ

ナス・トマト・キュウリ

104ページ

ジュース・アイスクリーム

アイスクリーム

81ページ

クリームソーダ

43ページ

ジュース

84ページ

魚や

魚

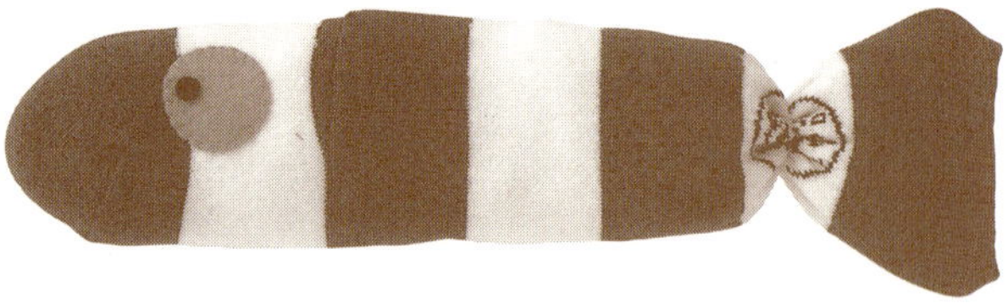

タコ　イカ

106ページ

そば・ラーメン

そば

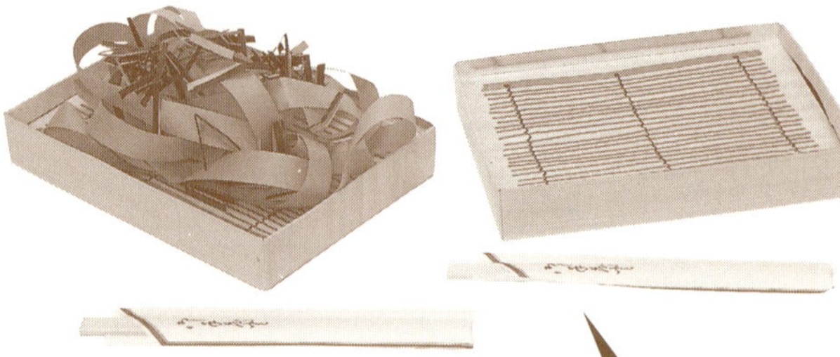

84ページ

ラーメン

84ページ

紙

丸筒

広告紙

ボール箱

折り紙・紙テープ・色画用紙

トイレットペーパー・ティッシュペーパー

紙は使い道に応じて、厚さ、質、色などに、さまざまな種類があります。柔らかく薄いティッシュから木のように堅くてじょうぶなダンボールまで、同じ紙とは思えないほど。それらの紙を使った箱や筒などは、形によって強さが増したり、美しく折られたりと、驚くほど姿を変えるのも紙の特徴です。でも、どんなに強いボール紙でも木から取り出した細く小さな繊維が集まってできているのです。紙は薄ければ簡単に破くことができます。水がしみ込みやすいのでのりのつきもよく絵の具もよく塗れます。初めて工作を作る素材として、とても優れています。

紙袋

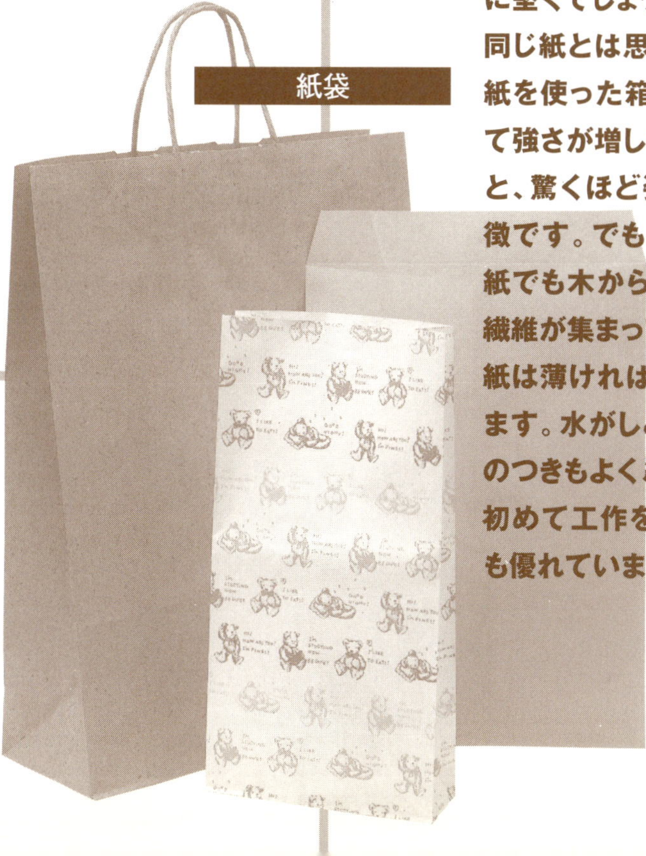

新聞紙

ダンボール箱

ダンボール箱

リンゴも電気製品も昔は木の箱に入っていたのが、全てダンボールの箱に入るようになりました。重たい商品を入れるダンボールほど、じょうぶにできています。

特　徴

✳とてもじょうぶな紙

2枚のボール紙の間に波型のボール紙をはさんであるので、とてもじょうぶにできています。波型の向きによって折れ曲がりやすいですが、波目を互い違いにはり合わせたものは、ベニヤ板ぐらいの強い板になります。

✳大きさが豊富

流通されている商品のほとんどがダンボール箱に入れられて配送されています。そのためダンボール箱の大きさも、小さいものから人が入れるくらいの大きなものまで、さまざまなものがあります。

✳着色・接着が容易

ダンボールはフィルム加工していない紙なので、水がしみ込みやすく、着色・接着が容易です。外側が防水やカラー印刷された物もありますが、その場合は切り開いて裏面を出し、箱にして使いましょう。

ためしてみよう

平らな紙を立てることはできませんが、折り目をつけて立たせてみましょう。しっかりと立ちます。ダンボールは波形に曲げた紙をはさんであるので、とてもじょうぶなのです。

集め方

✳お店を知ろう

近所のスーパーマーケット、電気屋さんのダンボール箱の出方を知っておくと、欲しい大きさの物などが手に入りやすくなります。

保存の仕方

✳たたんでしまう

かさばるので、底を開いて、たたんでしまいます。金属の留め金などは引っかけやすいので、取り去ります。箱の折り目でたたんでおけば、きれいな箱の形を再現できます。

ボール箱

手に入りやすいのは、お菓子の箱です。箱の作りに凝っているものが多いので、その仕組みを生かすと、おもしろい動きのある製作物ができます。

特　徴

箱のふた

お菓子の箱などは、お菓子を取り出しやすいような工夫がされています。引き出しのようだったり、スライドして開いたり、折れ曲がったりと…。箱の作りを壊さないように、形態を生かして使いましょう。

切りやすい

厚いボール紙を使っていないので、切りやすく、力もかけずに簡単に折り曲げることができます。

外側の加工

お菓子は子ども達の興味をひくために、きれいに印刷されて加工がされています。そのため、着色がしにくいので、紙をはるときれいに仕上がります。

ためしてみよう

ボール紙をはがしていくと、薄いボール紙に分かれます。ティッシュペーパーの箱のボール紙でも3枚には分かれます。紙ははり合わせても強くなっていきます。

集め方

さまざまな種類を そのときに応じて

甘いお菓子に対する趣向は人それぞれなので、お菓子の箱などは種類を限定せずに、あるものを集めましょう。他にも、ティッシュペーパーの箱や雑貨の箱などもボール紙製のものが多いので、普段から取っておくとよいでしょう。

保存の仕方

つぶさない

かさばりますが、ふたを開けて中に入る物は、入れ子にして整理しましょう。

丸筒

PRINGLES

切れ目のない紙やフィルムを巻くしんに使われています。強くぴったりと巻かれている物のしんは、紙製品とは思えないほど固くできています。

特　徴

固い

　サランラップやファックス用紙のしんはとても固くてじょうぶです。はさみでは切ることが難しいので、そのままで使いましょう。

柔らかい

　トイレットペーパーやキッチンペーパーなどのしんは、巻かれている物が破けやすいのでふんわり巻かれているために、しんもはさみが使えるくらい柔らかくできています。お菓子の丸筒もはさみで切れる柔らかさです。

きれいな円柱

　紙でつぶれないきれいな円柱を作るのは難しいです。太さや長さの違う物を集めて利用しましょう。

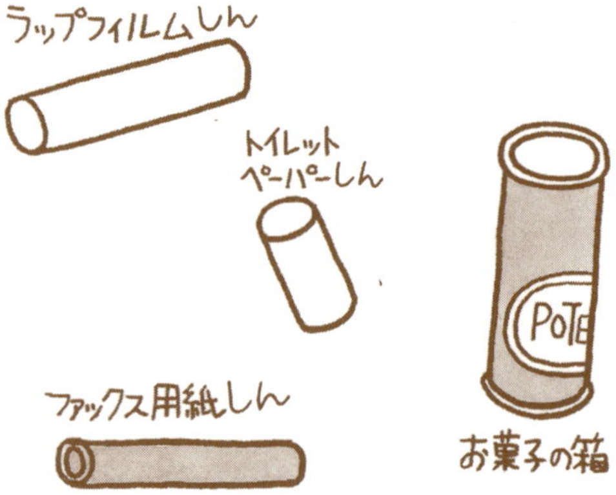
ラップフィルムしん
トイレット
ペーパーしん
POTE
ファックス用紙しん
お菓子の箱

集め方

何のしんかをはっきりと

　巻かれていた物で丸筒の固さや太さ長さが違います。必要な大きさをきちんと伝えましょう。

たくさん
たまったね
トイレットペーパーのしん

保存の仕方

上手にまとめて

　長いものは、薪をまとめるように、ひもでまとめておくと整理しやすいです。

紙袋

過剰包装をやめて、箱に入れず直接紙袋を使うことも多くなりました。デパートなどでは紙袋が多く使われているようです。

特　徴

✳紙そのもの

色画用紙より薄い紙なので、切る、折る、接着が簡単にできます。袋の色や模様を生かして使いましょう。

✳柔らかい箱

まちのある紙袋は、膨らましたり、かぶったりして使うと、柔らかくて軽く、扱いやすいでしょう。紙袋というより薄い紙でできた箱として、造形に生かします。

✳形が豊富

小さなアクセサリーの箱を入れる手のひらくらいの小さな袋から、衣料品を入れる大きな袋、ビンを入れる細長い袋、ケーキを入れる四角い袋など、入れるものによって大きさ、形、強さの違いがあります。

集め方

✳大きさと形

まちの有無や、大きさなどは使う目的にあったものを具体的に伝えましょう。

保存の仕方

✳平らにたたんで

まちのあるものでも、折り目にそってたためば、平らになります。かさばらないように整理しましょう。

切ってつなげて
イモムシ列車

材料

ダンボール箱3箱、両面テープ、カラークラフトテープ、色画用紙、モールなど

右に
曲がりまーす！
おーっ

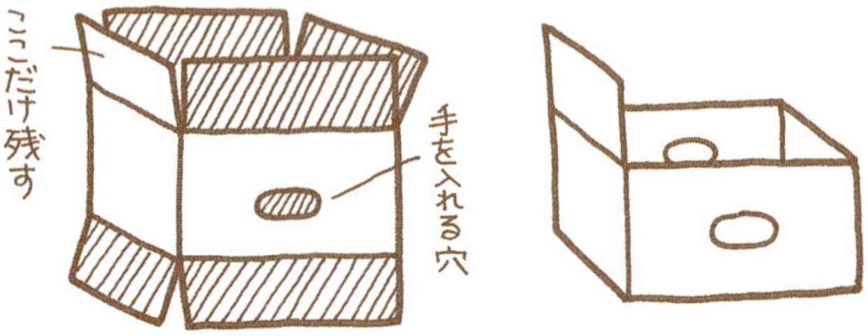

ここだけ残す
手を入れる穴

1 ダンボールのふたを１つだけ残して切り取り、図のように手を入れる穴を2か所に開ける。これを３つ作る。

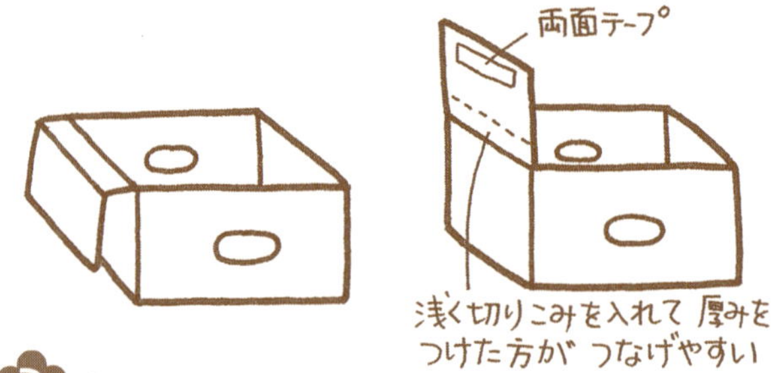

両面テープ
浅く切りこみを入れて 厚みをつけた方が つなげやすい

2 1のうち、2つに両面テープをはる。

モールで作る
はる

3 色画用紙とモールでイモムシの顔を作る。

もっと
もっと
つなげよう!

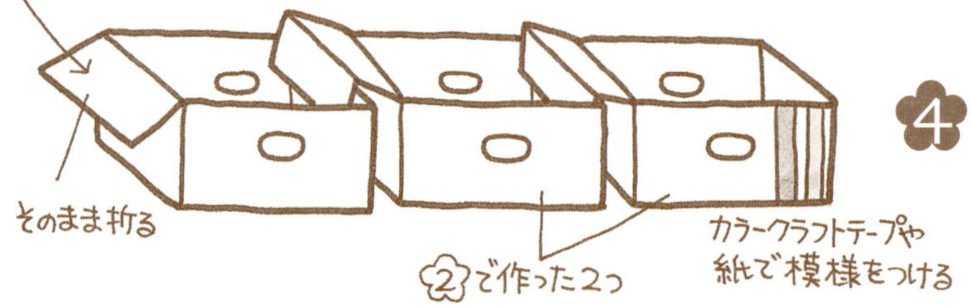

そのまま折る
2で作った2つ
カラークラフトテープや
紙で模様をつける

4 ３つのダンボールをはり合わせ、イモムシの顔を付ける。

切ってつなげて穴を開けて

イナイイナイバーの箱

材料

ダンボール箱1箱、ペン、色画用紙など

ばあ〜
窓をとおして
保育者と
いない いないばあ〜

ばぁー
お花が
出たよ

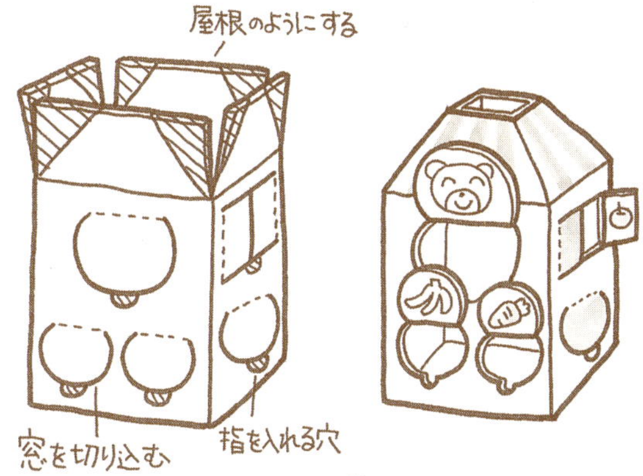
屋根のようにする
窓を切り込む
指を入れる穴

1 ダンボールのふたを屋根の形に切り取ってはり、側面に窓を切り込む。

2 切り込んだ窓や屋根に絵を描く。

切り抜いてはって

もぞもぞカタツムリ

材料

ダンボール箱1箱、紙、モールなど

やあ!

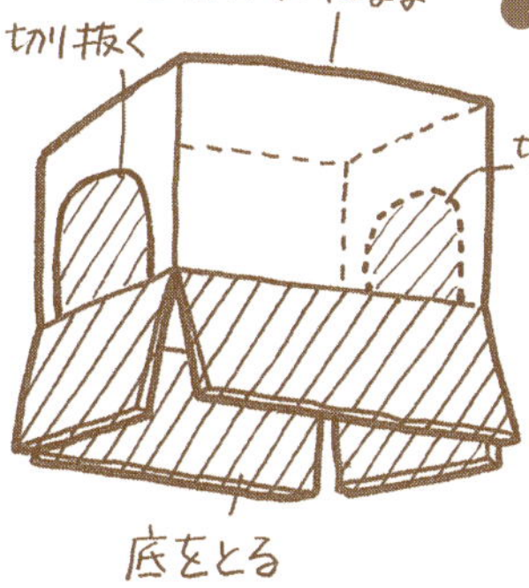
上はふさいだまま
切り抜く
切り抜く
底をとる

1 ダンボールの上をふさいで底を切り取り、側面を切り抜く。

2 紙でカタツムリのからを作り、1にはる。

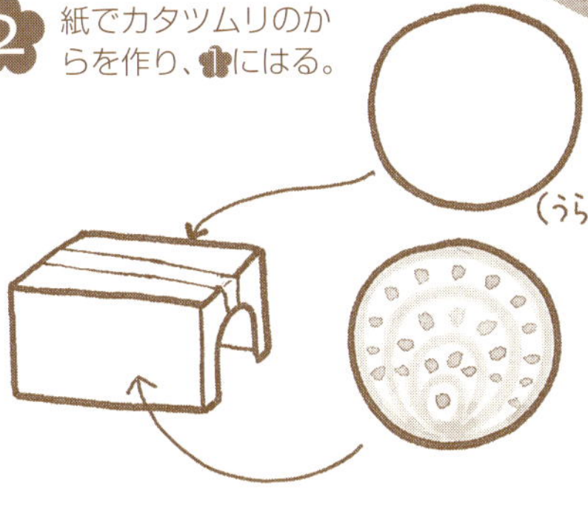
(うら)

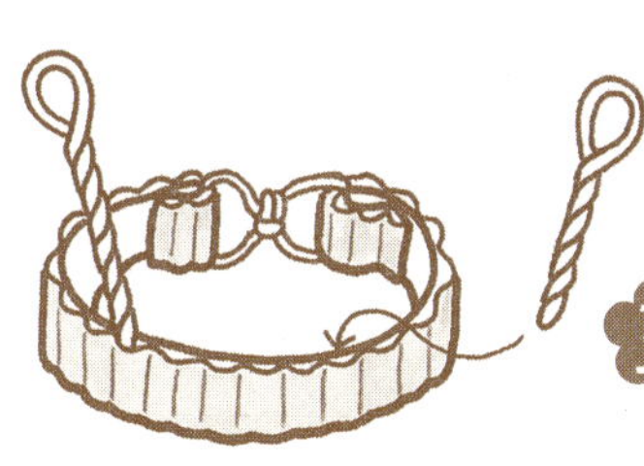

3 片ダンボールとモールで、カタツムリのツノを作る。

箱を重ねて飾って
だるまおとし

材料

ダンボール箱3〜4箱、クラフトテープ、色画用紙など

えいっ
やった！
だるまが
落ちた！

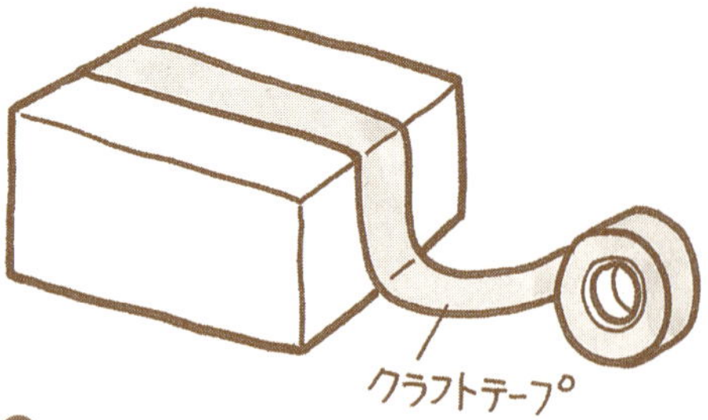
クラフトテープ

1 ダンボールのふたを、すべてクラフトテープで留める。これを3〜4個作る。

下が小さめのほうが
うまくいくようです

2 ❶のうちの1つにだるまの顔を付けて、できあがり。

折って乗せて
宅配ソリ

材料

ダンボール箱適宜、クラフトテープ、色画用紙など

おとさないように、
そ〜っと
そっと…

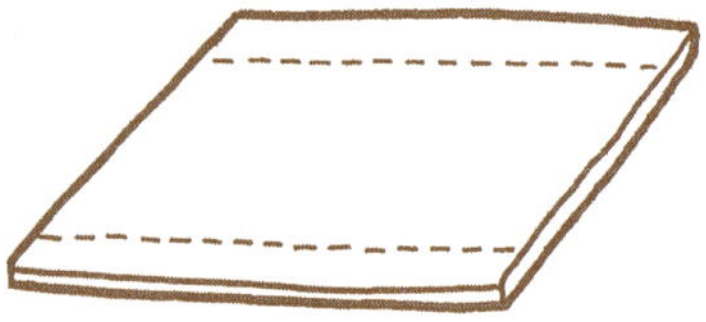

1 ダンボールの両側に、折り込みを入れる。

2 穴を開けてひもを結びつけ、両側を折り上げる。

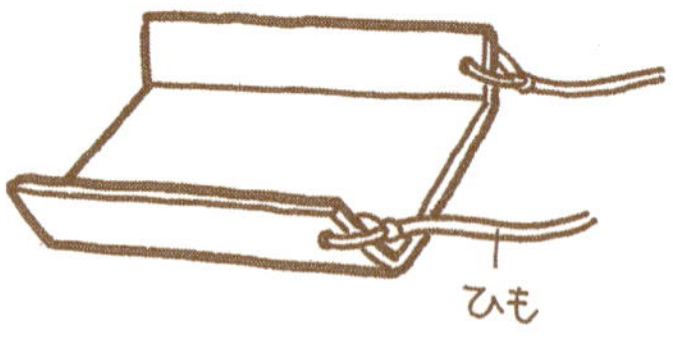
ひも

3 荷物の箱は、「だるまおとし」の❶と同じように作る。

2人仲良く
遊んでもいいね
わーっ

切ってつなげて
ドラゴンダンボール

材料

ダンボール箱2箱、紙皿、発泡スチロール球、クラフトテープなど

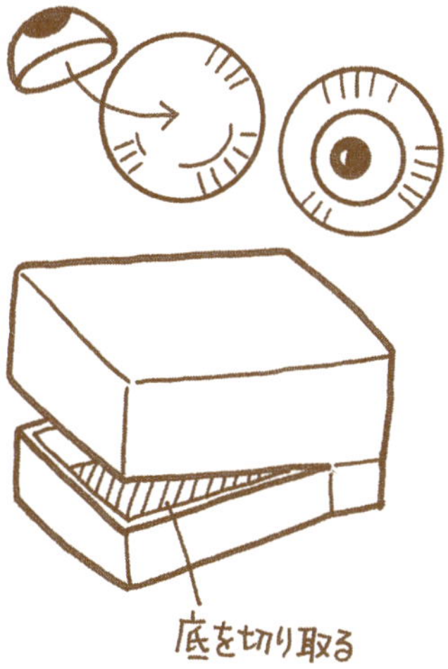
底を切り取る

ガオー

1 ダンボール箱を図のように切り込みを入れ、紙皿と発泡スチロール球の目を付ける（頭部）。

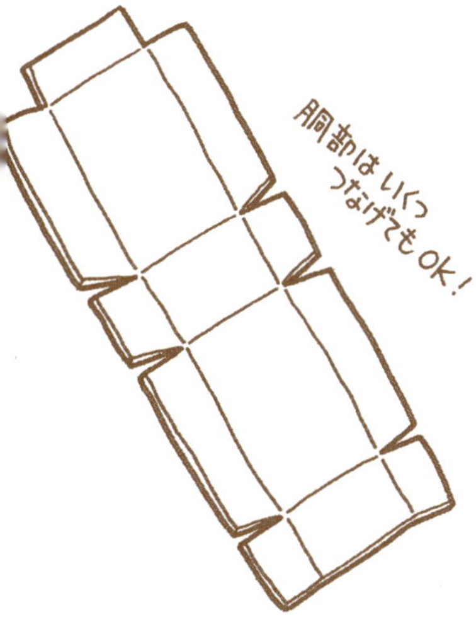
胴部はいくつ
つなげてもOK！

2 ダンボール箱の側面の角を切って、長くしたものをつなげる（胴部）。

3 ダンボールの手を胴部にはり、頭部とつなげ、着色する。

「ししまい」にも応用できます。

切ってつないで
カラフルのれん

材料

ダンボール適宜、ストロー、たこ糸など

むこうが見える
ベー
のぞいちゃえ

1. ダンボールを、適当な大きさに切り取る。

ストロー

2. ダンボールの波目にたこ糸を通し、等間隔に切ったストローを通し、つなげていく。

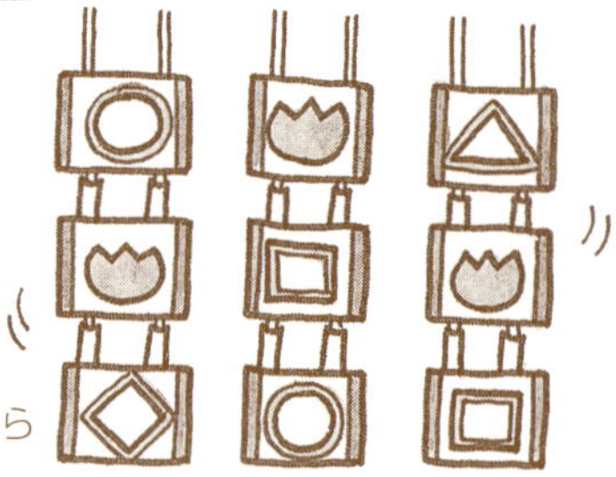

3. 何組か作って、上からつるす。

切って飾って
ロボットくん

材料

ダンボール箱2箱、クラフトテープなど

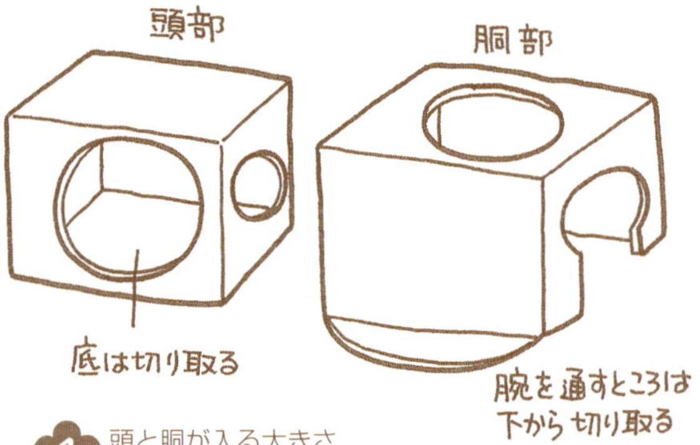
頭部
胴部
底は切り取る
腕を通すところは
下から切り取る

1. 頭と胴が入る大きさのダンボール箱を、図のように切り取る。

もうすぐ
かんせい

2. カラークラフトテープなどで飾る。

イエ〜イ!

はり合わせて強くして
食卓を作ろう！

材料

ダンボール適宜、片ダンボール適宜、接着剤など

ぼくコーヒー
私は紅茶よ

1 ダンボールの波目を縦横交互にしてはり合わせたものを3組作る。

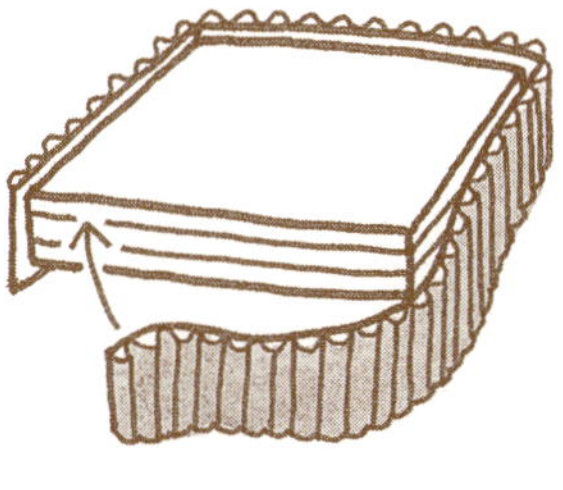

2 1組には、周りに図のように片ダンボールをはる。

3 2組を図のように切り取り、かみ合わせて足にする。

4 3の上に残った1組を置く。
※いすも作り方は同じ。

形を作ってはって
ギザギザスタンプ

材料

ダンボール適宜、片ダンボール適宜、のりなど

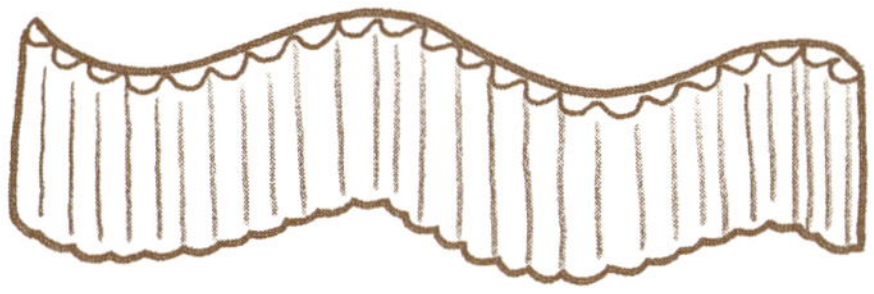

1 片ダンボールを帯状に切る。

2 ダンボールを適当な大きさに切り取り、のりを付ける。

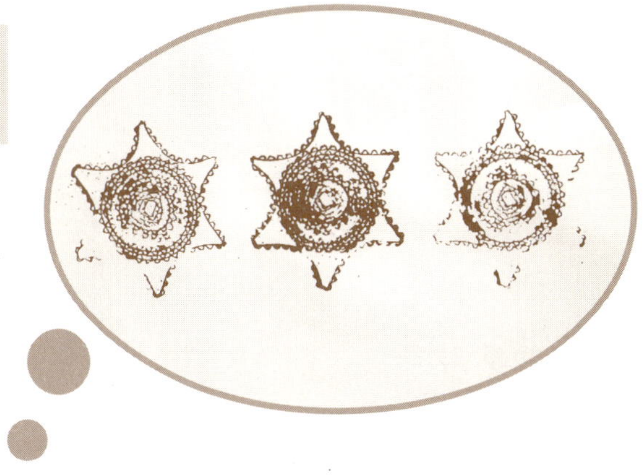

ポンッ

3 2に好きな形に切った片ダンボールをはり、反対側にも丸めてはる。

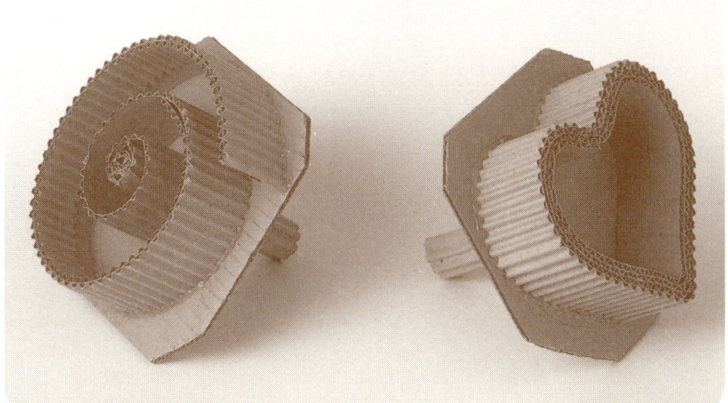

つなげて飾って
わくわくデコレーションケーキ

材料

ティッシュペーパーの空き箱12個、大きめの厚紙、カラーポリ袋、片ダンボール、ゼリーの空きプラカップ、シールなど

なんか入ってるぞ！
ないわね
ここはどうかな？

卒園プレゼントを探そう！
ぼくはお菓子だ
私、おもちゃ
そつえん おめでとう
何が出るかな
のぞいちゃえ

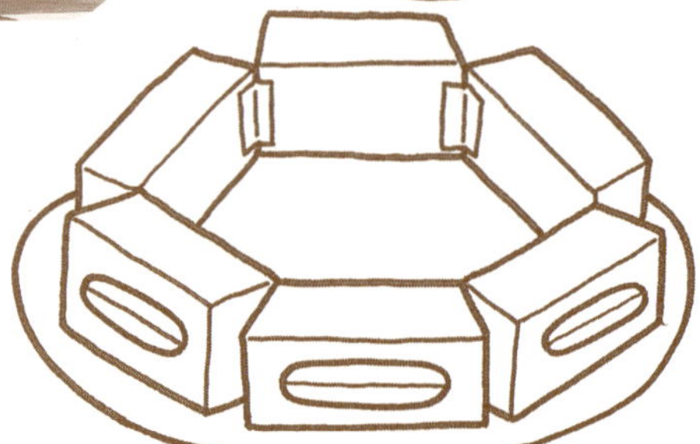

1. ティッシュペーパーの空き箱6個を裏面でつなぐ（取り出し口が表側になるように）。
2. それを図のように円形に切った厚紙に、しっかりとはる。※ここで、中にプレゼントを隠しておくこと。

3. カラーポリ袋（布でもよい）をクリームのように切り、ティッシュの取り出し口を隠すようにはる。
4. 同じように2段（空き箱4個）、3段（空き箱2個）と作り、最上部にゼリーの空きプラカップをはり、片ダンボールやシールなどで飾る。

穴を開けてひもをつけて

パチパチカメラ

材料

スライド式
スライドして開けるお菓子の箱1箱、フィルムケースのふた、片ダンボール、色画用紙、リボンなど

はね上げ式
はね上げ式のお菓子の箱1箱、カップめん（小）の空き容器、コーヒー用ミルクの空き容器、色画用紙、片ダンボール、ひもなど

スライド式

1 箱をスライドさせ、のぞき穴を開け、その下にフィルムケースのふたを付ける。

2 片ダンボール、色画用紙などで飾り付け、リボンを付ける。

はね上げ式

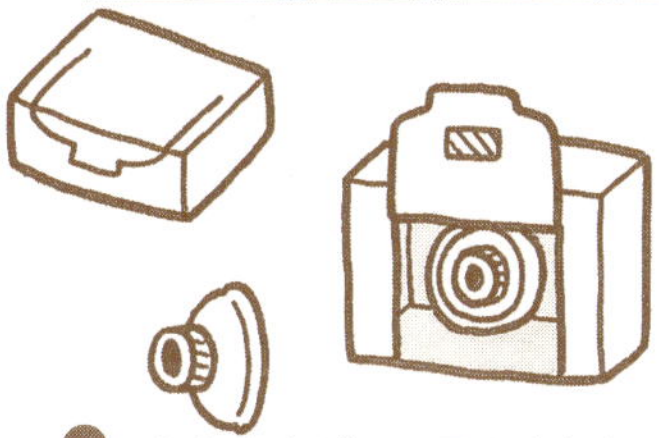

1 ふたを上げてのぞき穴をあけ、中にカップめんの底を切り取ったものとコーヒー用ミルクの空き容器をはり、レンズを作る。

2 色画用紙などで飾り付け、肩からかけるひもを付ける。

形を生かして

モシモシ携帯電話

材料

上部全体が割れて開くお菓子の箱1箱、ストロー、色画用紙、リボンなど

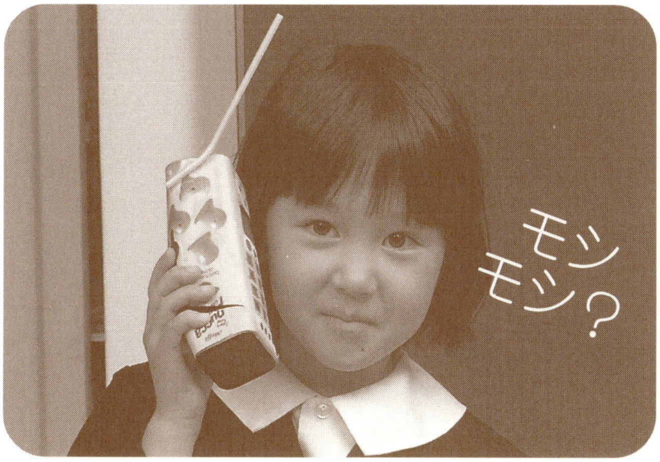

1 図のように、色画用紙やシールなどで、電話のように飾り付ける。

2 ストローとリボンを付ける。

はって飾って
カエルのビックリ箱

材料

引き出し式のお菓子の空き箱1箱、色画用紙など

まだ
ねむいよー
おひさまが
出てきたよ

箱の外側を飾り付け、引き出すつめを付ける。

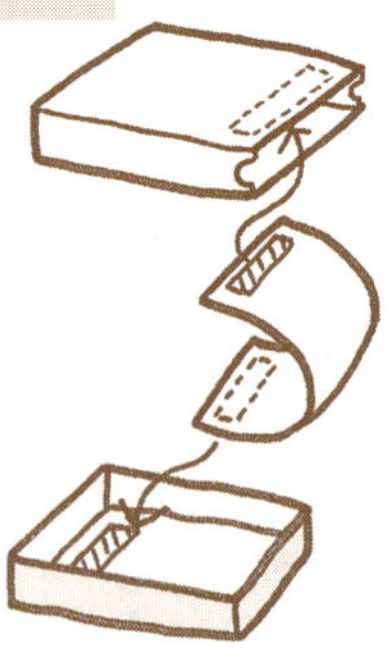

1 色画用紙を箱の大きさに切り、紙の両端を図の位置にはる。

2 一番ふくらむ位置に、図のように切り込みを入れ、箱の中の底にカエルの体を作ってはる。

形を生かして
ヒヨコのくじ引き

材料

振り出し口が持ち上がるお菓子の空き箱1箱、色画用紙など

1 振り出し口をくちばしに見たてて、色画用紙でヒヨコの飾り付けをする。

中にいろいろな色のビー玉などを入れて、くじ引き遊びをしてみましょう。

ぼくは赤
何色？
順番だよ

飾って揺らして
くにゃくにゃダンスウサギ

材料

歯みがきチューブの箱1箱、色画用紙など

くにゃ
くにゃ

1 色画用紙に、ウサギの頭、腕、足を描いて、切り取る。

2 図のように、片側の箱のふたをのりしろにして、ウサギの絵をはり付ける。

穴を開けてつないで

マリオネットとら

材料

お菓子の太い紙筒（胴・首・顔）3本、トイレットペーパーのしん（足）4本、ビニールラップのしん（持ち手）2本、たこ糸、色画用紙など

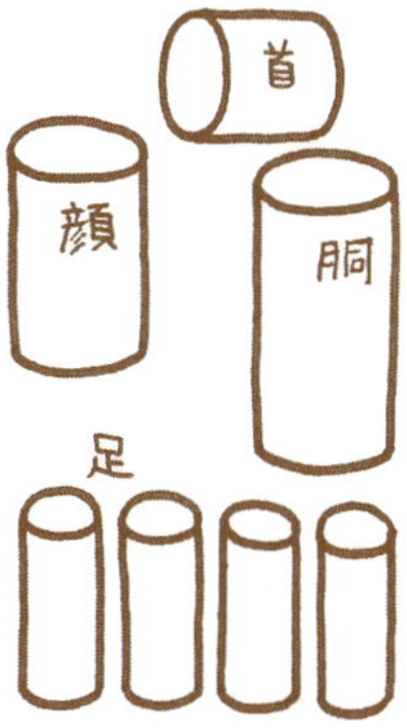

1 紙筒に黄色い画用紙を巻き、図のような長さに切る。

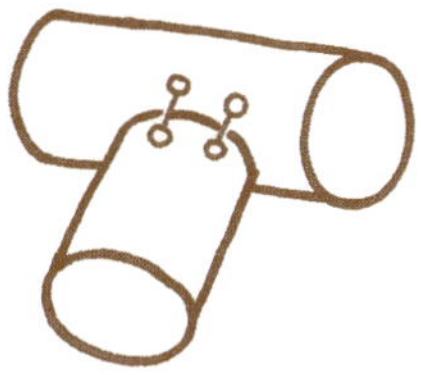

2 足になるトイレットペーパーのしんに穴を開け、たこ糸でつるし、胴に付ける。

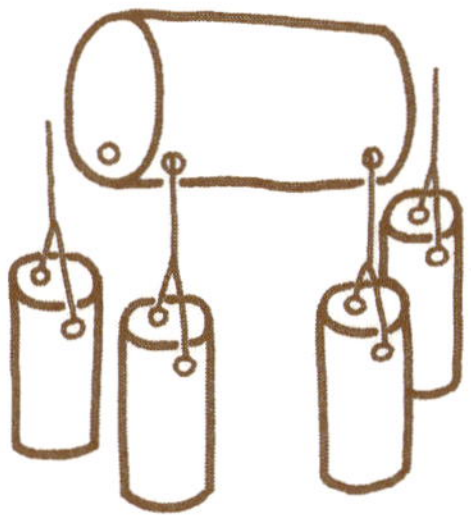

3 首と顔をたこ糸でつなぐ。

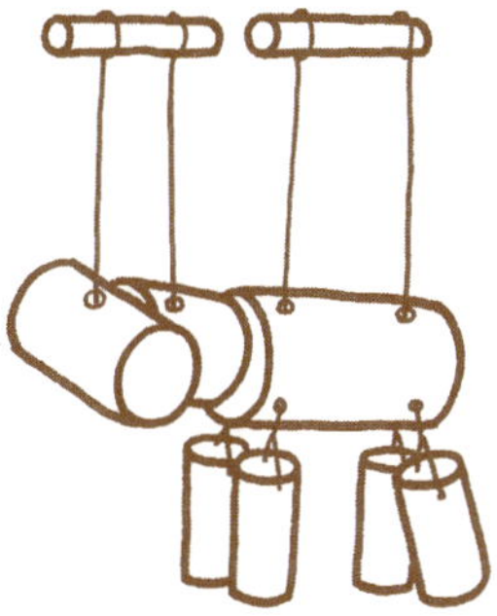

4 4か所に穴を開け、たこ糸を通し、持ち手とつなぐ。

5 紙をちぎって、トラの模様や目、耳、鼻、ひげなどを付ける。

穴を開けてつないで

にょろにょろヘビくん

材料

トイレットペーパーのしん6本、針金、色画用紙など

1 トイレットペーパーのしんに色画用紙を巻き、図のように切り込みを入れる。

2 図の位置に穴を開け、針金を通してつなぐ。

3 目や舌を付ける。

穴を開けて中に通して
的当てストロー

材料
トイレットペーパーのしん1本、ストロー、ティッシュペーパー、輪ゴム、ビニールテープなど

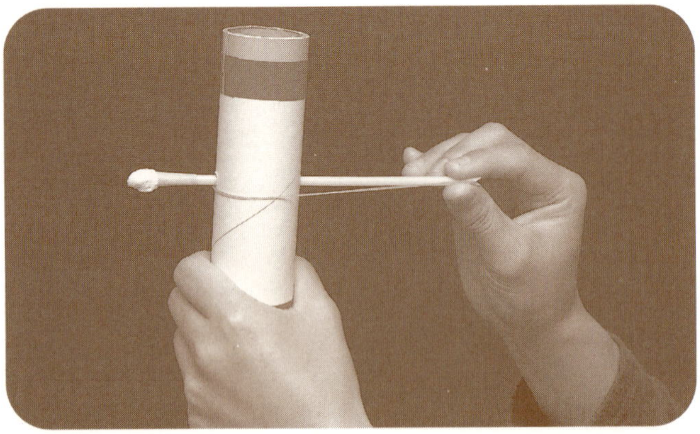

1. ストローの先にティッシュペーパーを丸めたものを付け、もう一方に切り込みを入れる。
2. トイレットペーパーのしんに、図の位置に穴を開け、ストローを通して輪ゴムをかける。

切って糸を結んで
ワッけん玉

材料
お菓子の紙筒、たこ糸、色画用紙など

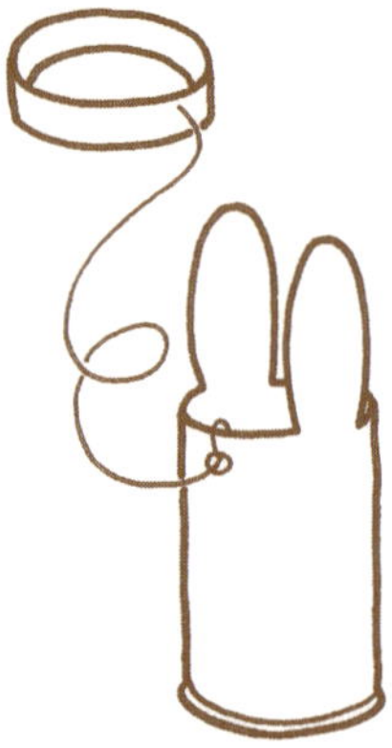

1. 紙筒を図のように切り、ウサギの装飾をする。
2. 切り取った輪の部分を、たこ糸で結ぶ。

切り込み入れてつなげて
からくり剣

材料
ビニールラップのしん2本（1本はもう1本より少し細いもの）、紙皿2枚、輪ゴムなど

えい！
先が引っ込むから痛くないわ。

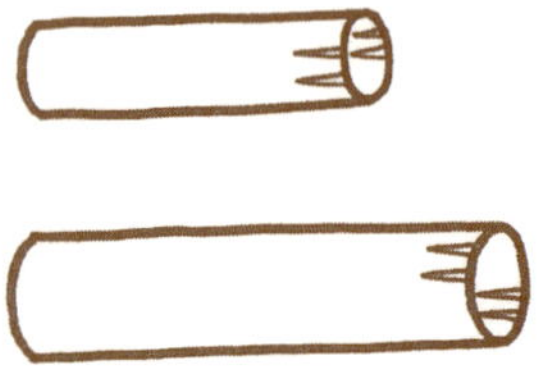

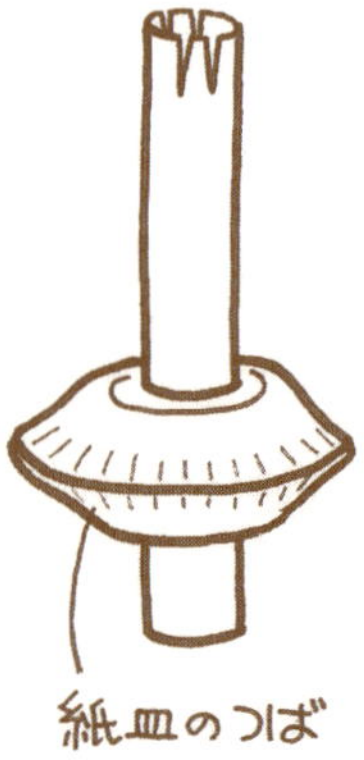
紙皿のつば

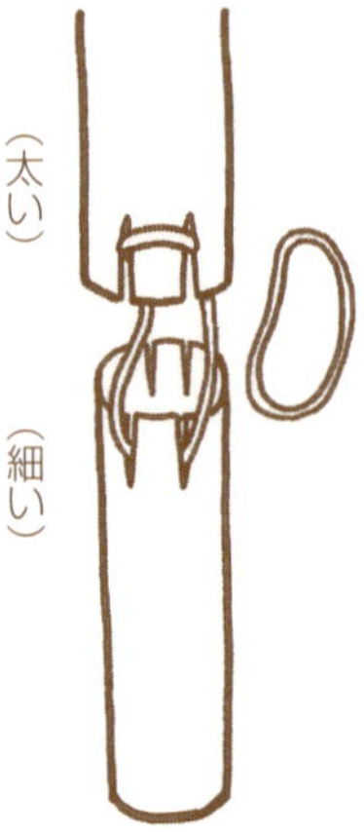
（太い）
（細い）

1. しんに図のような切り込みを入れる。
2. 紙皿をはり合わせて、真ん中をくりぬいて、太いしんに通す。
3. 切り込みに図のように輪ゴムをかけ、細い筒を太い筒の中に入れる。

穴をふさいで並べて
カラフル双眼鏡

材料

トイレットペーパーのしん4本、カラーセロハン、ビニールテープなど

7本
並べても
楽しいよ!

1. いろいろな色のカラーセロハンを切って、穴をふさぐようにはる。

2. 4本並べてビニールテープで留める。

穴を開けてしっかりはって
ブーブーマイク

材料

トイレットペーパーのしん1本、ポリ袋、ビニールテープなど

ぶー

1. 図の位置に穴を開け、薄いポリ袋を切ってビニールテープをはる（しっかり張ってすき間のないように）。

いろいろな形に切って
筒飛ばし

材料

お菓子の筒適宜、紙テープなど

切った形で飛び方が変わる！

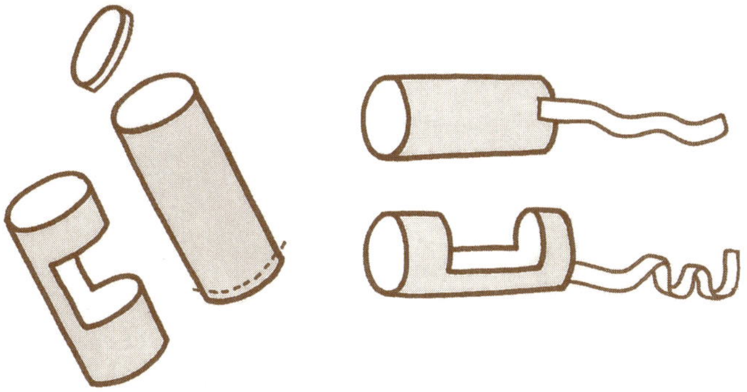

1. 筒の底を切り取り、いろいろな形に切る。
2. 紙テープをしっぽのように付ける。

切って飾って

動物になりマスク

材料

ライオン
紙袋２枚、色画用紙、両面テープなど

ウマ
紙袋1枚、色画用紙、両面テープなど

トナカイ
紙袋1枚、色画用紙、モール、発泡スチロール球２個、赤い布、両面テープなど

ししまい
赤い紙袋1枚、色画用紙、スズランテープ、両面テープなど

ライオンさん
こんにちは
ガオーガオー
（こんにちは）
うふふっ
おかしいね!

ニャーッ
ガオ
ガオ
ワンワン
ヒヒーン

ライオン

あーん

1 図のように紙袋の口を閉じ、つぶしたところを、もう１つの紙袋にはる。

2 耳、目、鼻、たてがみをはる。

3 口の中に歯をはる。

4 かぶってみて、目の位置に穴を開ける。

ウマ

1 袋を図のように切り取り、奥にずらしてはる。

2 耳、目、口、たてがみをはる。

3 かぶってみて、目の位置に穴を開ける。

くびのところだ

トナカイ

1 袋を図のように切り取り、目、耳、口、角をはる。

角にモールをはると暖かい感じがでる

2 発泡スチロール球を赤くぬり、鼻の位置に接着する。

3 赤い布を円すい形に丸めて、発泡スチロール球とモールを付け、帽子にする。

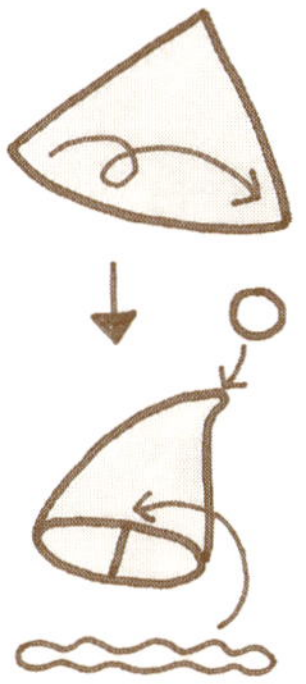

4 かぶってみて、目の位置に穴を開ける。

はなの下からみえるよ

ししまい

1 赤い紙袋（もちろん塗ってもOK）に耳、目、鼻、歯をはる。

歯を大きくかく

2 スズランテープを裂いて、図のようにまとめて頭に付ける。

3 かぶってみて、目の位置に穴を開ける。

折って飾って
ギフトバック

材料

紙袋1枚、色画用紙、サインペン、リボンなど

1 紙袋の上半分をじゃばらに折り、中央をホチキスなどで留める。

2 色画用紙やサインペン、リボンなどで装飾する。

穴を開けてふくらませて

紙風船

材料

紙袋1枚、色画用紙、サインペンなど

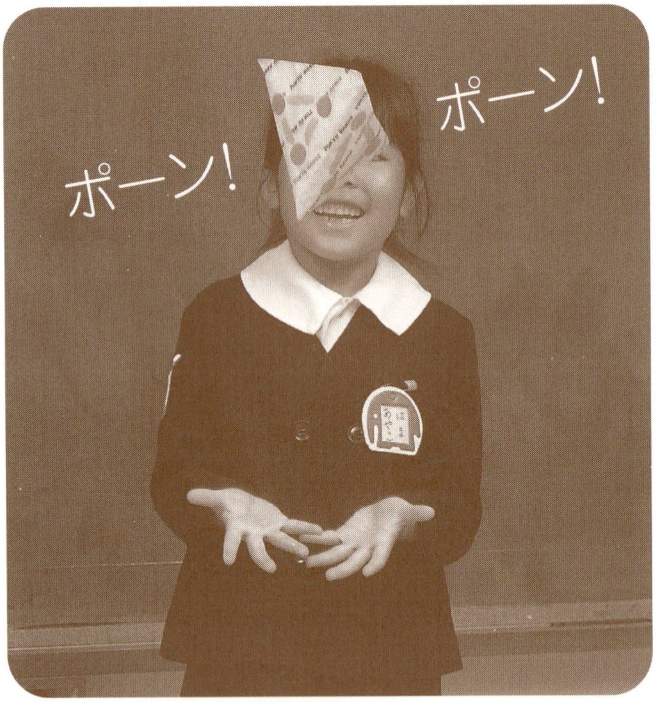
ポーン!
ポーン!

テトラ型

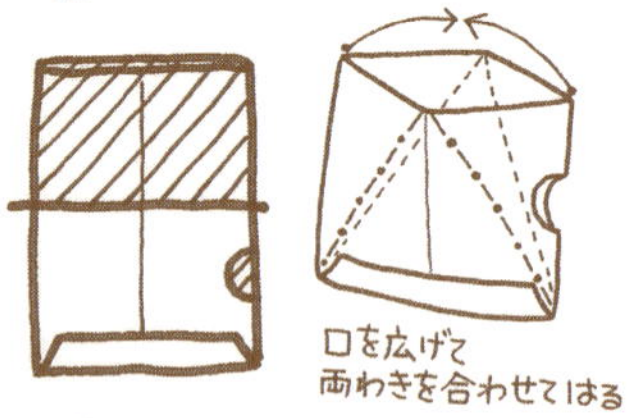
口を広げて
両わきを合わせてはる

1. マチのない紙袋を正方形になるように切り取り、ふくらませるための穴を開け、底と直角になるように口をふさぐ。

2. 色画用紙やサインペンなどで装飾する。

サイコロ型

1. マチの広い紙袋に図のように切り込みを入れ、ふくらませるための穴を開け、サイコロ型に折って接着する。

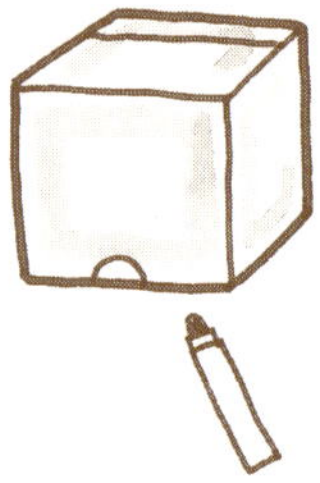

2. 色画用紙やサインペンなどで装飾する。

紙を入れて出して

ゾウの封筒紙芝居

材料

大きめの封筒1枚、画用紙、不織布、サインペンなど

リンゴ
パクパク
水浴びして…
バナナを食べて…

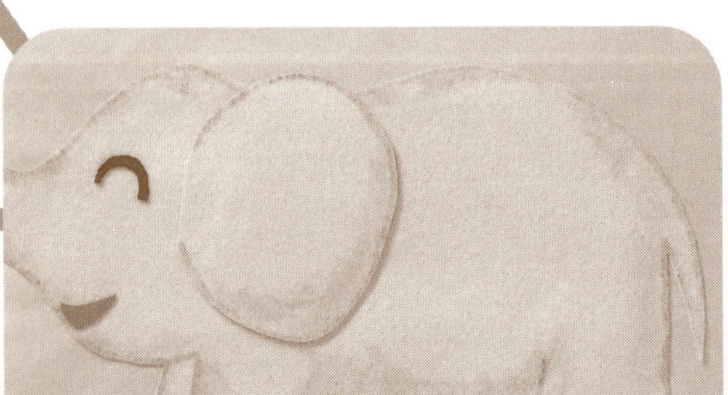

1. 不織布にゾウを描き、切り取る。

2. 鼻から先は、封筒に入る大きさの画用紙に、残った体を封筒にはる。

3. 鼻から先のパターンを何通りか作る。

たこさんが
こんにちは。
あっ

他にもいろいろなお話を作ってみましょう。

新聞紙

「新聞」と呼ばれるのは届けられた日だけ。読み終わって翌日になれば「新聞紙」という紙になってしまいます。

特　徴

身近にある一番大きな紙

新聞紙は、縦が約55cm、横が約80cmと大きなもの。子どもたちにとっては、体全体でダイナミックに遊べる紙です。そして、折りたたんで配達するため、できるだけ薄く軽くじょうぶに作られています。

丸めると強いクッションになる

大きいので、くしゃくしゃに丸めるとあちこちの向きに折れ曲がるので、クッションの強いパッキングにもなります。

紙の基本形である

新聞紙は、表面をつるつるにしたり、水に強くするなどの加工はされていません。紙としての基本となる姿と性質を持っています。

はっきりとした紙目がある

紙の性質のひとつ、紙目がはっきりとわかります。新聞紙は紙目に沿うと破きやすく、紙目に逆らって破くとでこぼこに破けてしまいます。

ぬれると破れやすい

水にとても弱い性質。水につけると破れやすく、細かくちぎって水で煮ると繊維がバラバラになってドロドロになります。これをのりに混ぜたり、小麦粉と混ぜると、かんたんな紙粘土を作ることができます。

ためしてみよう

新聞紙を広げて、両端を持ちます。そのままでパンチをしても、破けにくいのですが、そこに霧吹きで軽くしめらせて、パンチをすると、すぐ破けてしまいます。

集め方

何日分

新聞は1日分の枚数がだいたい決まっています。各家庭に集めるお知らせをするときは、「朝刊3日分持ってきてください」と言われる方が集めやすいでしょう。

保存の仕方

日陰にしまう

新聞紙は、1日日光に当てると黄色く変色してきます。いかにも古いという感じになりますので、直射日光の当たらない場所にしまいましょう。

広告紙

商品をきれいに印刷するために、表面が平らでツルツルに処理されてある紙が使われますので、薄くてもずっしりと重い紙になっています。

特　徴

✳大きな紙

新聞紙と同じくらいの大きさのものもあります。カラー印刷がしてあるので、色合いを生かすこともできます。

✳弾力のない紙

表面をツルツルにするための物が塗りこんであるので、弾力がありません。折り目を付けるとぴたっと折れます。細く丸めても、巻きが一気に戻るような力がありません。丸めて細い棒を作るには適している紙です。

集め方

✳サイズを具体的に

大きさがいろいろあるので、使う大きさをきちんと伝えましょう。「新聞紙と同じ大きさのもの」「新聞紙1ページ分の大きさのもの」などと、新聞の大きさと基準に伝えるとわかりやすいでしょう。

✳紙質

表面がツルツルでカラー印刷がしてあるもの、ツルツルではないものがあります。マンションや車の広告は高級感を出すためか、厚い紙を使っていることが多いようです。集めたい紙質がわかっているときは、その旨をはっきりと伝えましょう。

保存の仕方

✳サイズ･質をそろえる

いろいろな種類の広告紙が集まったら、大きさだけでもそろえて分けておくと、使うときにとても便利です。

大きく使ってくしゃっと丸めて
ゴールへシュート！

材料

新聞紙適宜、クラフトテープ、ビニールテープなど

いいよ
いくよー！

こっちのほうが簡単だね

穴ぼこゴール

1 新聞紙１枚をトンネル型に切り抜く。

2 穴の周りにクラフトテープをはる。

トンネルゴール

1 新聞紙１枚をトンネル型に切り抜く。

2 穴の周りにクラフトテープをはる。

ボール

1 新聞紙を、ボール状に丸め、形を整えながらクラフトテープやビニールテープを巻く。

※クラフトテープは重ねてはれないので注意！ビニールテープは重ねてはれるし、伸びるので、できあがりがしまった感じになります。

ボールを使って
トランポリン

材料

新聞紙適宜、クラフトテープ、ビニールテープなど

1 新聞紙を１枚開き、補強のために縦、横、斜めにテープをはる（ボールが重いときは、新聞紙を２枚重ねて）。

せーの！

ポーン！

くしゃっと丸めて
パンチングボール

材料

新聞紙適宜、クラフトテープ、ビニールテープ、ひも、平ゴムなど

1 新聞紙を折って、ひもをつけたしんを作る。

2 ひもが出るようにして、新聞紙を丸めていく。

パーンチ

3 ボール状に形を整えながらテープを巻き、ゴムでつるす。

大きな紙

紙てっぽう

材料

新聞紙1枚など

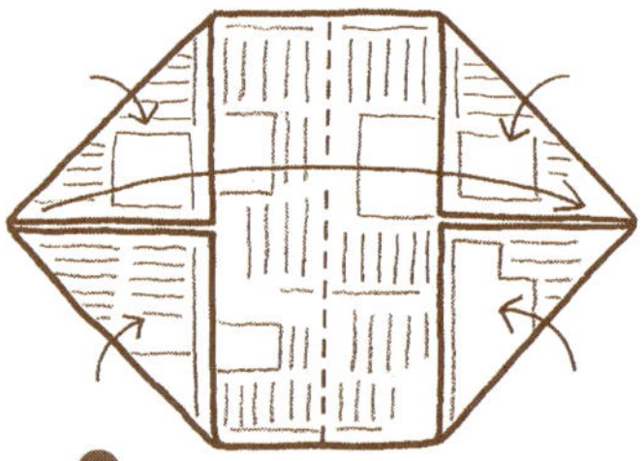

1 新聞紙を1枚広げて、両端を三角に折る。折ったら、真ん中からふたつ折りにする。

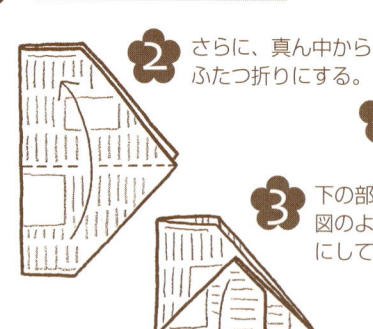

2 さらに、真ん中からふたつ折りにする。

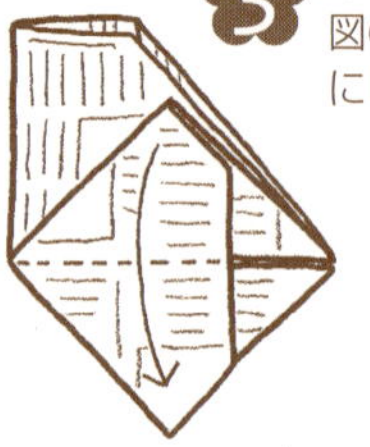

3 下の部分を開いて、図のようにたに折りにしてつぶす。

4 もう片方も同様に。

5 さらに、図のようにふたつ折りにする。

端を持って、いきおいよく振り下ろす。

音が鳴って、新聞紙が開く。

かぶと

1 まずは正方形を作る。新聞紙を広げて、図のように三角に折る。

2 あまった部分をたに折りにして、折り目を付ける。

3 2でつけた折り目の部分をはさみで切る。

これでかぶとを折ると、子どもの頭にすっぽり合う大きさにできあがります。

水をよく吸う

水で開く花

材料

新聞紙適宜、トレー、水など

1 新聞紙を図のように花の形に切る。切ったら、四方を内側に折り曲げる。

2 トレーなどに水をはる。そこに1をそっと浮かべる。花のように広がる。

花びら部分をじゃばら状にしても、おもしろい動きをします。

日光に当てると変色

日光写真

材料

新聞紙適宜、黒い紙、テープなど

1 好きな形に、黒い紙を切る。

2 新聞紙に、切った黒い紙をのせて、テープで留める。

3 半日くらい、よく日の当たる場所に置いておく。黒い紙をはずすと、そのまわりが黄色く変色しているので、形が浮き上がって見える。

水をよく吸う

ペタペタお好み焼き

材料

新聞紙適宜、バケツ、洗濯のり、水など

ぺた
ぺた

1. 新聞紙を細かくちぎって、バケツの水の中に入れる。
2. そのまま一晩つけて、水を吸い込んだら、軽くしぼって洗濯のりを入れてこねる。
3. ビニールシートの上にペタペタとお好み焼きのように広げる。

形を作って造形物を作ってもよいでしょう。

大きな紙

ピラピラいないいないバー

材料

新聞紙1枚、クラフトテープ、ビニールテープなど

1. 新聞紙１枚を広げて、端にテープをはり、反対側から裂いていく。
2. 先にビニールテープなどで飾りをつけておく。それが、おもりになる。

クラフトテープを二重にしておくと、穴の周りがじょうぶです。

バアー

くしゃっと丸めて

ビヨヨンたこボール

材料

新聞紙適宜、クラフトテープ、ビニールテープ、平ゴムなど

1. 「パンチングボール」（73ページ）の要領でボールを作る。
2. ボールに平ゴムと鈴を付ける。
3. 新聞紙を細かく裂いて、ボールに付ける。

平ゴムは
柔らかいので、
たこボールに
ピッタリです。

新聞紙のビラビラ部分を引っぱると、ぼよよんとはずみ、鈴の音がして楽しい！

ぐちゃぐちゃ丸めて
フィッシングゲーム

材料

広告紙適宜、園芸用針金、ひも、ビニールテープなど

今度こそ
わぁ～い つれたよ

うまく つってね

さお

1 広告紙を細く巻いて棒を作る。

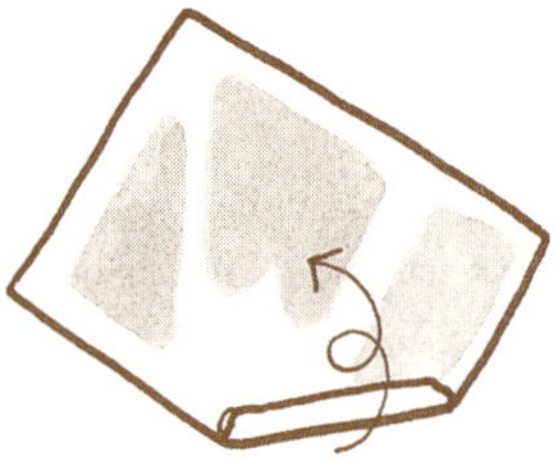

2 ひもと針金を付ける。

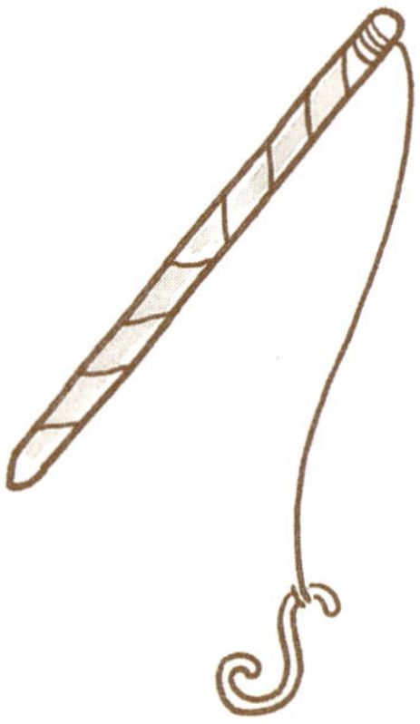

魚

1 広告紙を丸めて魚の形を作る。

しっぽは たたんで包むように

2 ビニールテープなどで飾り、広告紙を巻いたものを輪にして、魚の口に付ける。

大きいよー
ぴちぴち

いろいろな魚やタコ、カニなどを作って釣りごっこをして遊びましょう。

くるくる巻いて
のびのびショットキャンディ

材料

広告紙適宜、ティッシュペーパー、輪ゴムなど

わっ!
伸びた

1 広告を丸めて、細い筒にする。

2 大きめの広告紙を幅10cmくらいに切り、長くはり合わせる。

10cm

3 2を1に接着し、水をつけて固く絞ったティッシュペーパーでこすりながら巻いていく。

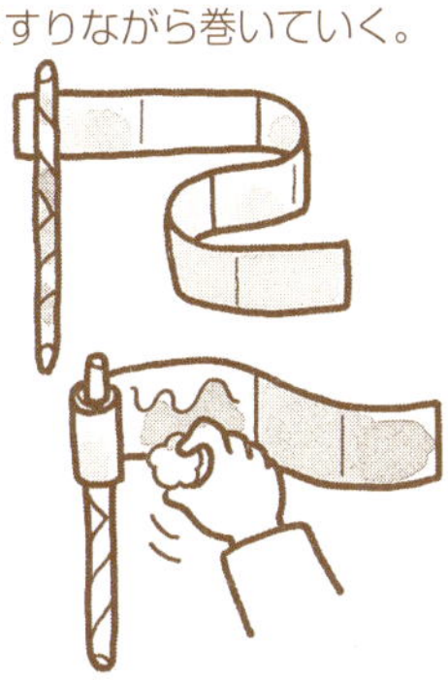

4 巻き終わったら、輪ゴムで留めて乾かす。

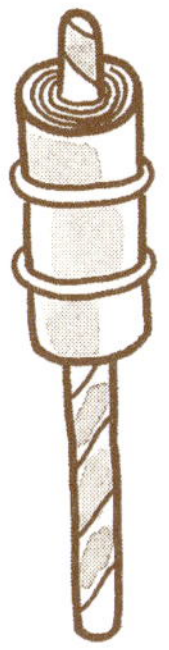

くるくる巻いて
トンネルハウス

材料

広告紙適宜、セロハンテープなど

体についたら
アウトよ
簡単
簡単

1 広告紙を細く巻いて棒を作る（50本ぐらい）。

2 棒の先を図のように折って留めていく。

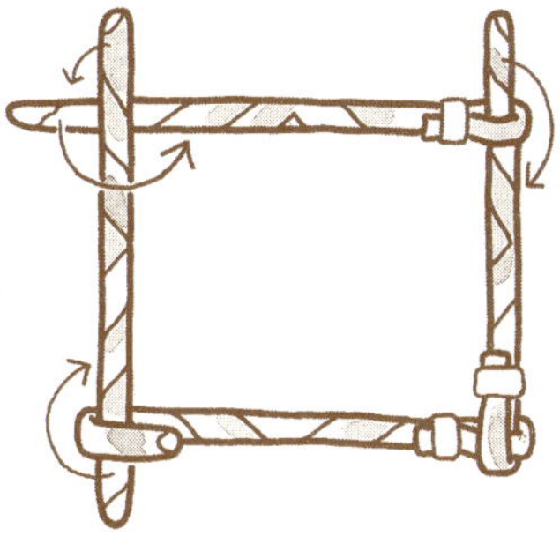

3 形を作る。

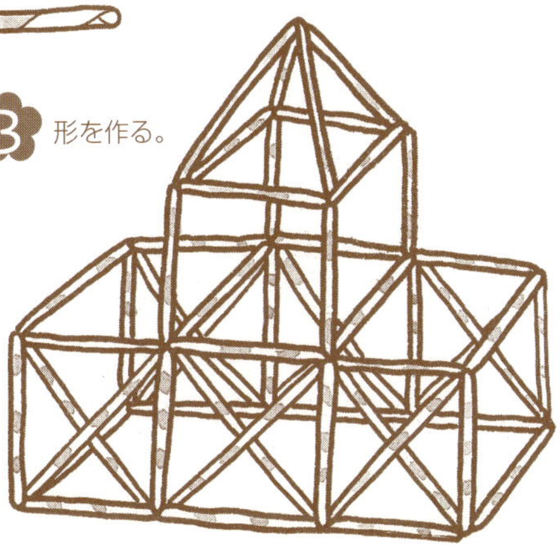

切って折って
変身！ロボット

材料
広告紙適宜、カラークラフトテープなど

胴体

1 大きめの広告紙を半分に折り、頭の通るくらいの穴を開ける。

2 広告紙をたたんで帯の部分にはる。

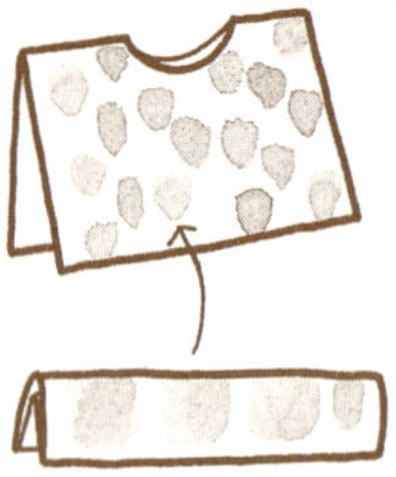

どう
にあう？

ヘルメット

1 広告紙を正方形に切り、かぶとのように折る。

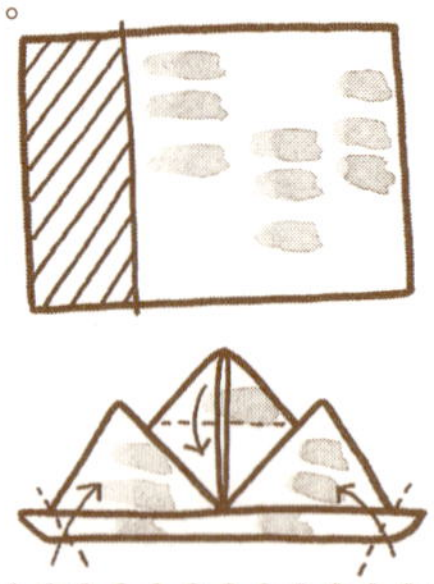

2 カラークラフトテープなどで飾る。

切って折って
バーベキューをしよう！

材料
広告紙適宜、セロハンテープ、ビニールテープなど

釣った魚も
焼いちゃおう
さぁもうすぐ
焼けるわよ

網

1 広告紙を細く巻いて棒を作る。

2 網状に交差させ、セロハンテープで留める。

端は折り曲げて
留める

くし焼き

1 広告紙を細く巻いて棒を作る。

2 広告を丸め、1にビニールテープで巻き付ける。

トイレットペーパー・ティッシュペーパー

使い捨ての紙の代表です。どちらも汚れや水分をふき取るためのもので、本来は布の役目でしたが、使い捨てできる紙に変わっていったものです。

特　徴

薄い紙

人の肌に触れるものですから、清潔で柔らかい紙です。柔らかくするため、薄く作られています。堅い紙でも、よくもむことで紙は柔らかくなります。どんなに薄く柔らかくても「紙」の性質はきちんと持っていますので紙目があって、破れ方の違いが確かめられます。

水に溶ける、溶けない

汚れや水分をふき取るための紙ですから、どちらも水を吸い込む力が大きい紙です。見た目も、手触りも、役目も同じ紙ですが、トイレットペーパーとティッシュペーパーでは正反対の性質があります。それは水への溶け方です。

紙が水に溶けるということは、お砂糖が水に溶けるように姿が見えなくなってしまうのではなく、紙を作っている細かな繊維に分かれてしまうことを「紙が水に溶ける」といいます。繊維は目で見える大きさです。

ティッシュペーパーは何日も水に浸けても溶けません。「水洗トイレでは使用しないでください」と書かれてあるのは水に溶けないからなのです。より布に近い紙かもしれません。

逆に、トイレットペーパーは水にぬれると簡単に溶けてしまう紙です。

ためしてみよう

ティッシュペーパー、トイレットペーパーをそれぞれペットボトルに水を入れてつけ込みましょう。一晩経ったら、よく振ってみてください。ティッシュペーパーは変化しませんが、トイレットペーパーはバラバラになって溶けた状態になります。

集め方・保存の仕方

ただのもの・安いものに注目

柔らかい紙の性質を生かして使うのなら、路上で配っているティッシュを集めて使うのがよいでしょう。ただのものは、本来の使い方をするとすぐに破けたり、ほこりっぽかったりと、あまり質がよくありません。しかし、造形の素材としてなら十分に使えます。

軽い

ひらひらへび

材料

ティッシュペーパー適宜、ストロー、セロハンテープなど

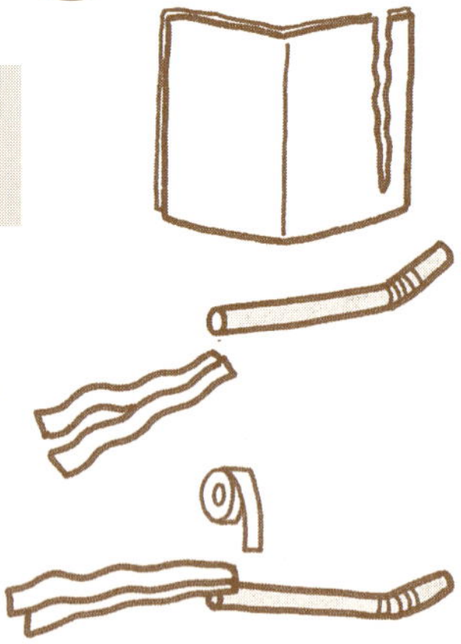

1 ティッシュを細かく裂いて、ストローの先にテープで留める。

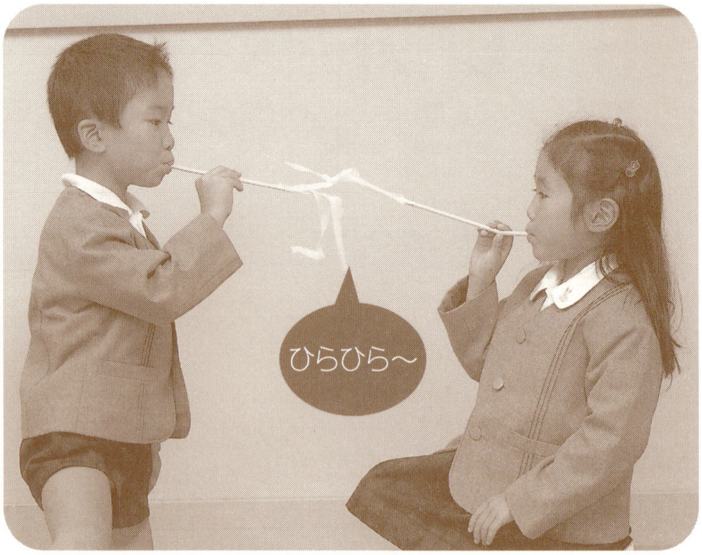
ひらひら〜

意外とじょうぶ

ティッシュずもう

材料

ティッシュペーパー適宜

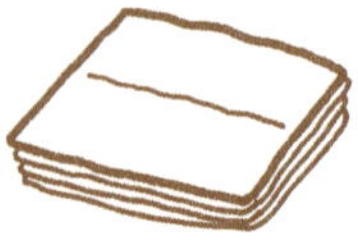

1 ティッシュペーパー5組くらいをからめて、引っぱりっこをする。

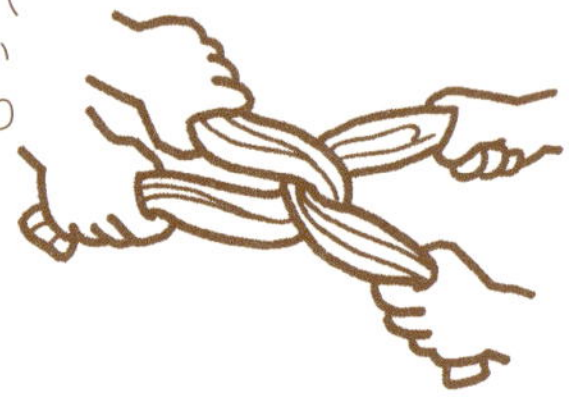

わあ〜
えーい！

ほんとかな？

ティッシュペーパー10組だと、子どもがぶら下がれます。

くるくる丸めて

トイレットペーパーわたがし

材料

トイレットペーパー適宜、割りばしなど

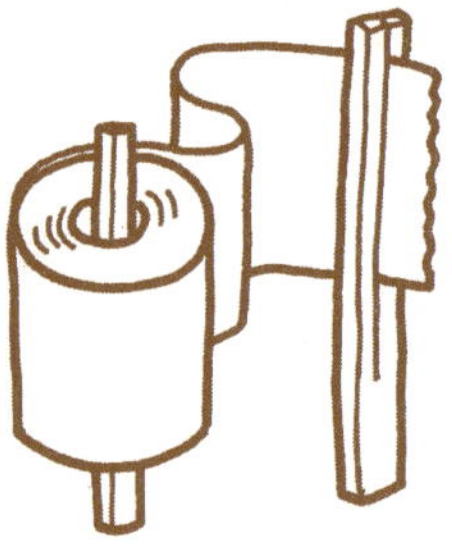

1 トイレットペーパーを割りばしではさむ。

くる
くる
ふわ
ふわ

2 くるくる巻くと、わたがしのできあがり。

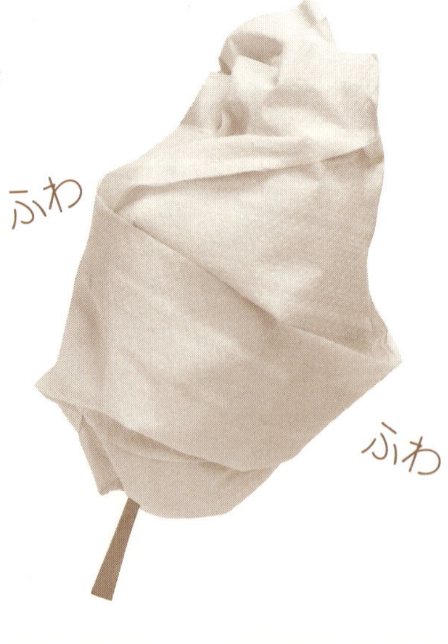
ふわ
ふわ

水に弱い

水てっぽうのまと

材料

トイレットペーパー適宜、牛乳パック、セロハンテープ、ペン、台所洗剤の容器、水など

1 牛乳パックを丸く切り取って、好きな絵を描く。その裏に適当な長さに切ったトイレットペーパーをはる。これがまとになる。

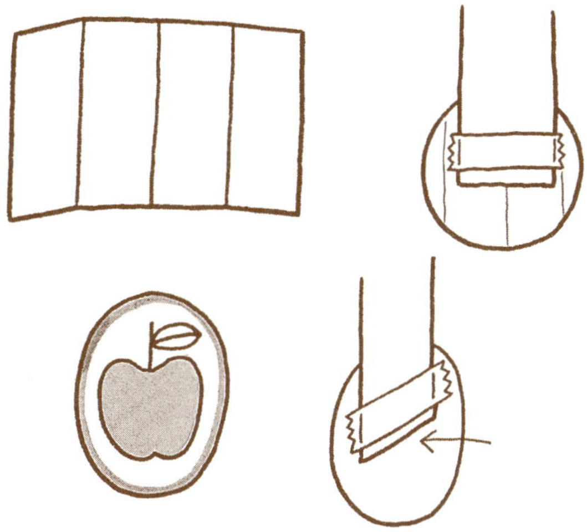

2 ひもをはり、そこに 1 で作ったまとを洗濯ばさみで留める。

3 台所洗剤の容器に水を入れる。それでトイレットペーパーの部分をねらって水をかける。

水に強い

長いしゃぼん玉

材料

テッシュペーパー適宜、ストロー、たこ糸、しゃぼん玉液など

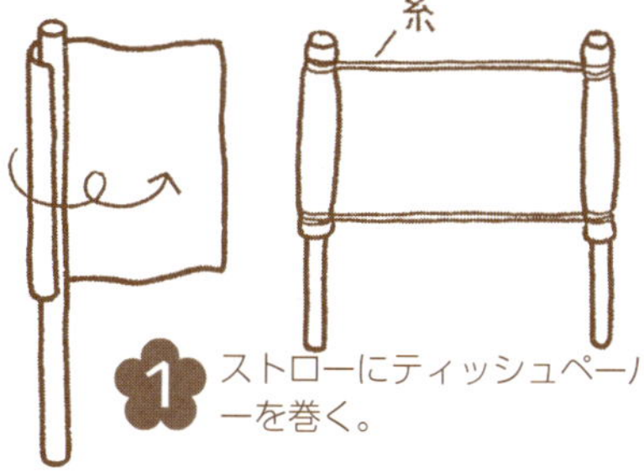

1 ストローにティッシュペーパーを巻く。

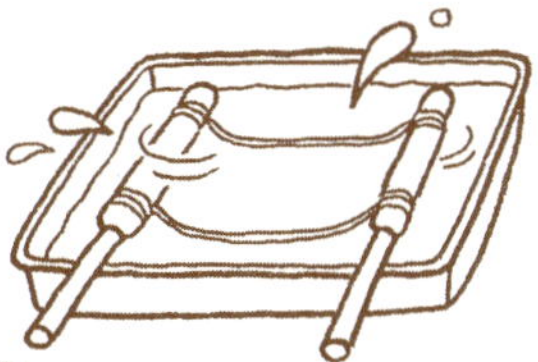

2 1 を2本用意し、20cmくらいのたこ糸で、巻いたティッシュペーパーの上下をつなぐ。

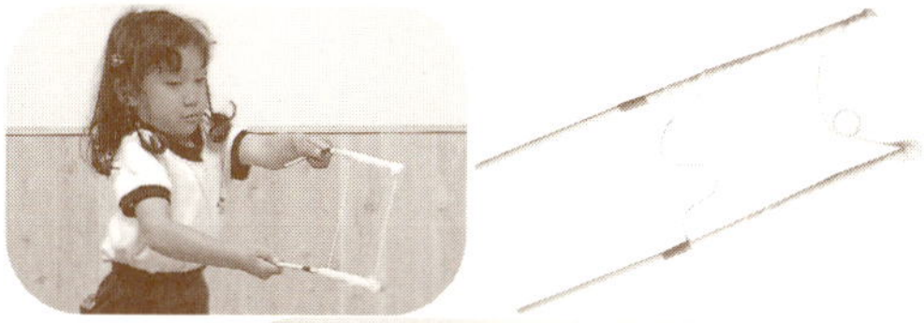

くるくる丸めて

トイレットペーパーのアイスクリーム

材料

トイレットペーパー適宜、黄色い紙、テープ、折り紙など

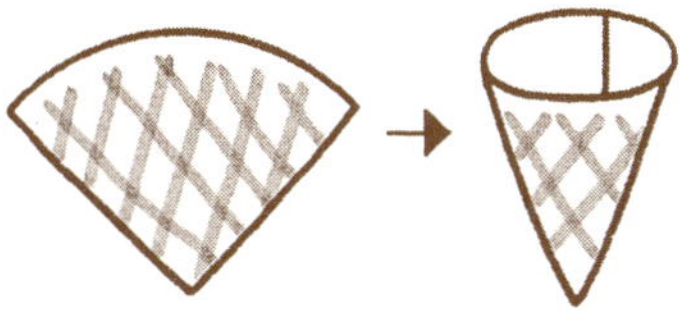

1 黄色い紙を（円の）4分の1に切って、丸めてコーンにする。

2 トイレットペーパーを丸めて、アイスクリームにする。

折り紙・紙テープ・色画用紙

造形のために作られた紙素材です。子どもが指先で折ったりちぎったり、初めてはさみを使うときにも活用できる紙です。

特　徴

くせがつきやすい

紙テープは紙が薄いので、しごくとよくカールします。巻の癖がついているので、カールした状態をいかした造形に適しています。色画用紙は八つ切りサイズぐらいから、幅が1mくらいでロールになった長いものまで、大きさが豊富です。大きいものは、造形材料だけではなく、作品を飾る背景などにも便利です。

正方形

正方形の紙というのは、紙の中では特殊なものです。折り紙をするのには正方形でなければ不便ですが、造形素材として正方形を生かした使い方をしてみましょう。

色がきれい

どの紙も色数が大変豊富にそろっています。紙の素材ですが、同時に色の素材でもあるので、クレヨンや絵の具と同じものとして考えてください。

基本的な色を20色ぐらい用意しておくと、形を作る楽しみと同時に色を選ぶ意識も育っていきます。色と形は切り離せない関係にあります。好きな色をあとから塗れない分、そろえる色には偏りがないようにしたいものです。

集め方

サイズと色を考えて

大きさは使いやすい大きさ、無駄の出ない大きさを考えて切ります。

色はできるだけ偏らないように、虹の七色を基本に、白がかかった淡いもの、黒がかかった少し重い色などを用意しましょう。なくなりやすい色の補充も忘れずに。黒と白の紙も用意しておくと便利です。

保存の仕方

湿気に弱い

本来、紙は湿気に弱いですから、湿気の少ないところに保管します。色の着いた紙は日光に当たると色があせていきますので、直接日光に当たらないところに保管します。

はってつなげて

折り紙万国旗でおっとっと

材料

紙テープ適宜、折り紙適宜、のり、セロハンテープなど

のり

1 紙テープに、折り紙をはり付ける。

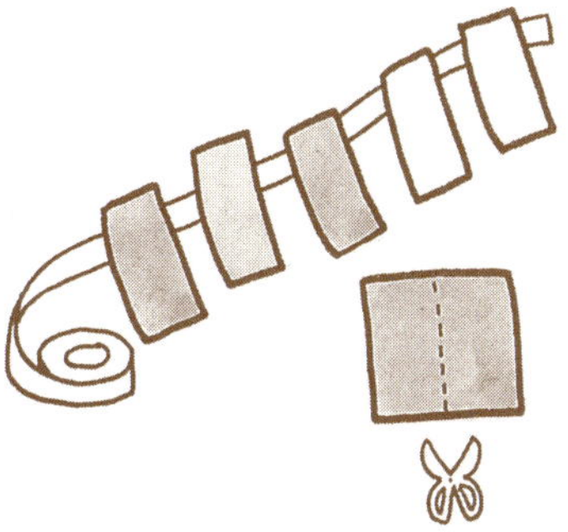

2 折り紙を半分に切って、紙テープにはる。

3 コーナーの壁や床などに、紙テープの端をはり付ける。

わっ！
さわっちゃいそう
さわらないで
通るよ！
くぐって
行くわ！

迷路や
かくれんぼも
できるよ！
くぐったり
かくれたり！
ばあっ
ん〜っ
しょっと

はって揺らして
くにゃくにゃへび

材料

紙テープ適宜、ストローなど当たっても危なくない棒など

1 ストローなどに紙テープを3本くらいはる。

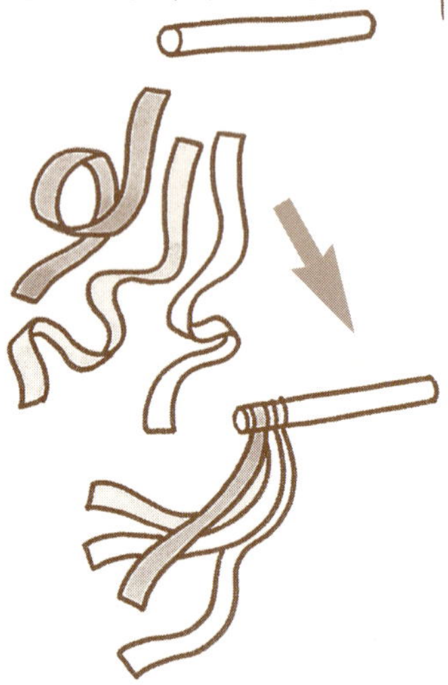

それっ
ぐる
ぐる
ぐる

丸めて入れて
ジュース&そば

材料

折り紙ジュース
折り紙適宜、透明のプラカップなど

紙テープそば
紙テープ適宜、カップめんの空き容器、箱など

へい!
おそば1丁

折り紙ジュース

1 透明のプラカップに、折り紙を丸めて入れる。

紙テープそば

1 入れ物に紙テープを丸めて入れる。

雑貨

割りばし

ストロー

紙皿・紙コップ

アルミホイル・アルミ皿

荷作りひも

くつ下・布手袋

雑貨のほとんどが日常生活に便利に役立つものとして考えられた商品です。使い捨ての食器、お弁当の便利グッズなどは、形も色も豊富で楽しいものがいっぱいです。本来は造形素材として作られたものではありませんが、軍手や包装のひもなどは手芸材料のお店で扱われています。どんなものでも造形素材になります。それが実感できるのが雑貨を使った製作でしょう。使い捨てのものは、薄く軽くできているので、そんな点からも小さな子ども達の手でも扱いやすい素材といえるでしょう。

アルミホイル・アルミ皿

アルミホイルは、金属のアルミでできているので電子レンジは使えない代わりにトースターのなどの熱には強く、アルミ皿も紙の皿より熱や水に強くじょうぶです。

特　徴

金属の楽しさ

紙のように薄くても金属の性質がちゃんとあります。

・折ったり丸めたりすればそのままの形になります。
・凹凸の上に置いてこすると、アルミは伸びるので凹凸を写し取ることができます。

薄い

金属ですが、紙のように手で破ることができるし、普通のはさみで切ることができます。両面テープやセロハンテープがよくつきますので、のりが使えなくても接着が簡単です。

キラキラした光沢

アルミは、表面がツルツルしていて、銀色にピカピカしているのが他の素材にはない魅力です。剣やかぶとなど強そうな物、キラキラ光るゴージャスな衣裳などに最適です。

集め方

買う

安売りのドラッグストアなどで買いましょう。ガスレンジ回りのものはいろいろな形やデザインがあって造形意欲を刺激します。

保存の仕方

質の変化なし

温度や湿度で変化しにくいので、何年経っても質は変わりません。

紙皿・紙コップ、ストロー、割りばし

家庭のパーティーでも使われています。食器を使って洗う手間を考えると、使い捨ての食器で片づけを簡単にした方が、気楽にパーティーを開けるかもしれません。

特　徴

はさみで切れる

紙・プラスチック・木と材質は違いますが、はさみで切ることができます。万能はさみがあれば、さらに使いやすいでしょう。

たやすく折れる

紙のものは簡単に折れます。ストローは、折れ曲がるじゃばらがついています。この部分を利用すると動きや仕掛けのある工作ができます。割りばしはカッターナイフで、切れ目を入れておくと、きれいに折れます。

集め方

買う・あまりを集める

安売りのドラッグストアなどで買いましょう。また、集会やイベントで使ったあまりを造形材料として取っておきます。紙皿、紙コップは無地の白いものを選んでおくと、絵や模様が描きやすいでしょう。

接着しにくい

紙皿、紙コップは、防水加工がしてあるのでのりがつきにくく、ストローもプラスチックでのりがつきにくいので、セロハンテープや両面テープを使います。ビニールテープは、接着と装飾を兼ねられます。割りばしは木工用のボンドがよくつきますが、接着面が狭いので着くまで、クリップなどではさんでおくなど、工夫をしてみましょう。

着色しにくい

水をはじく面には、油性のフェルトペンの着色が便利です。

保存の仕方

種類別に整理

大きさ、形態別に重ねて保存しましょう。

荷作りひも

紙や麻などの天然素材のひもはすっかり姿を消し、プラスチック製の軽くてじょうぶな、水に強い荷作りひもに変わりました。

特　徴

強い

強い力がかかると伸びますが、切れることなく細いものでもじょうぶです。手で切ることはできませんが、縦に裂くことは簡単にできます。厚みのあるものは、しごくと片面が伸びてカールします。

カラフル

色数が多いので、造形素材に適しています。プラスチック製特有のつやがあるので仕上がりもきれいです。

静電気が起きる

材質がプラスチックなので静電気が起きやすく、とても軽いので静電気の遊びには最適です。

集め方

買う

スズランテープのように平たいままのもの、縄のようによってあるものなど、ひもの状態、太さ、色などを多くそろえておくと便利です。

保存の仕方

そのまま半永久に保存

長く保存しても変化がないものです。

くつ下・布手袋

糸で編んだものや織ったものは、紙や木とは違う感触。編み物や布の感触のあるおもちゃはホッとする優しさがあり、柔らかく温かい作品に仕上がります。

特　徴

✳柔らかく伸び縮みする

編みものでできたものは、穴が開くとほどけやすいですが、しわがつきにくく、遊びやすいでしょう。

✳模様・色が豊富

子ども用のくつ下、ハイソックスなどはカラフルできれいな模様が入ったものが多くあります。軍手も手芸材料店におかれるようになってからは、色数も豊富になりました。

✳サイズがいろいろ

赤ちゃんからおとなのものまで、いろいろな大きさがそろっています。

集め方

✳忘れ物

着替えを多く預かる保育園などでは、持ち主のでない忘れ物が多くあると思います。きれいな物で片方しかない場合には造形に活用しましょう。

✳古い物

古い物でも赤ちゃん用のくつ下などは汚れがほとんどありません。家庭に余っているものを集めましょう。

保存の仕方

✳洗濯してから保存

必ず洗濯して、清潔にしたものを保存するようにしましょう。

切って包んで

伝説のアルミ騎士とアルミ姫

ぼくが姫を
お守りします
王子さま

材料

ドレス
アルミホイル適宜、アルミのおかず入れ、半紙、リボン、両面テープなど

かぶと
アルミホイル適宜、カップめんのスチロール容器、アルミ皿、ビニールテープ、両面テープなど

剣
アルミホイル適宜、スポンジ、アルミのおかず入れ、セロハンテープ、ビニールテープなど

ティアラ
アルミ皿2枚、セロハンテープ、ビニールテープなど

よろい
オーブントースター用アルミ皿1枚、アルミ皿、アルミのホースカバー、ビニールテープ、片ダンボールなど

盾
オーブントースター用アルミ皿1枚、アルミのホースカバー、ビニールテープなど

たくさん作って、お姫さまごっこ
発表会にもピッタリ！

カキーン
姫を
はなせー
こしゃくな
騎士め
たすけてー

ドレス

1 アルミホイルの裏側に両面テープを付けて、半紙をはる。

2 アルミホイルで、ひだ付きエプロンの形にしたもの2枚と、肩ひもを付けた胸あてを作り、つなげる。

3 腰に巻くリボンを付け、アルミのおかず入れなどを付けて飾る。

ティアラ

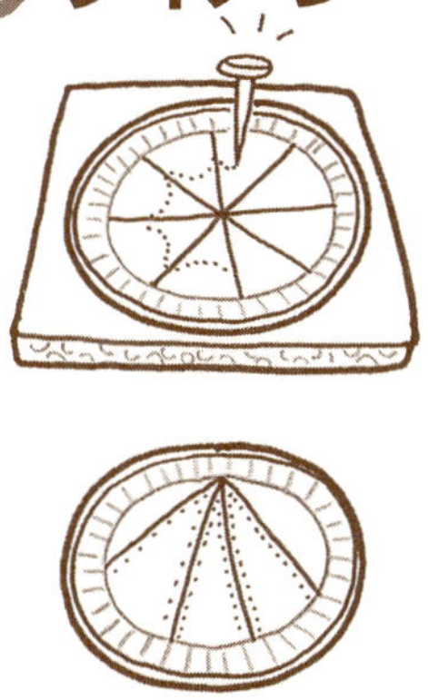

1 アルミ皿2枚を図のように切り、発泡スチロールの上でくぎで穴を開けて、模様を付ける。

2 切った部分を起こし、2枚を重ねてセロハンテープではり、ビニールテープなどで飾る。

かぶと

1 カップめんのスチロール容器をアルミホイルでくるむ。

2 アルミ皿を切って、図のように両面テープではる。

3 ビニールテープなどで飾る。

よろい

1 オーブントースター用アルミ皿にホースカバーと片ダンボールを付ける。

2 アルミ皿を切って両面テープではり付け、ビニールテープなどで飾る。

剣

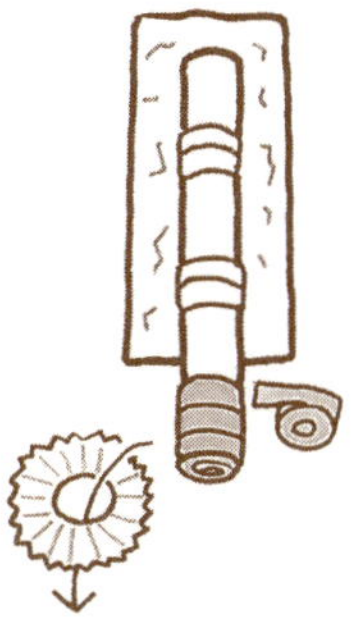

1 薄いスポンジを丸めて、セロハンテープで留める。

2 アルミホイルで包み、柄の部分にビニールテープを巻き、アルミのおかず入れのつばを付ける。

盾

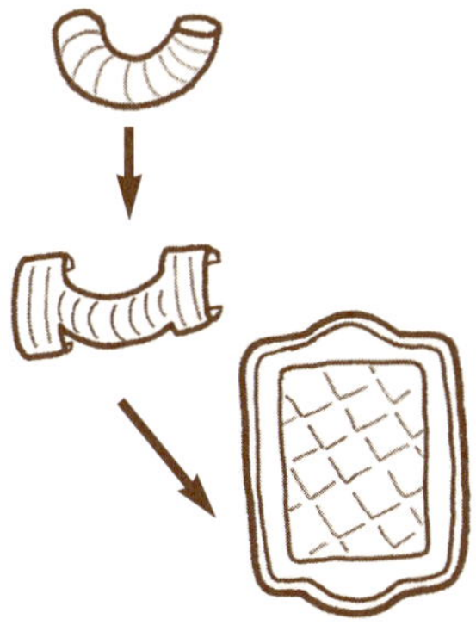

1 オーブントースター用アルミ皿をビニールテープなどで飾る。

2 アルミのホースカバーの両端を開いてつぶし、セロハンテープで裏側に付け、持ち手にする。

丸めたり穴を開けて
アルミ粘土の動物たち

材料
アルミホイル適宜、割りばし、ようじ、セロハンテープ、ビニールテープなど

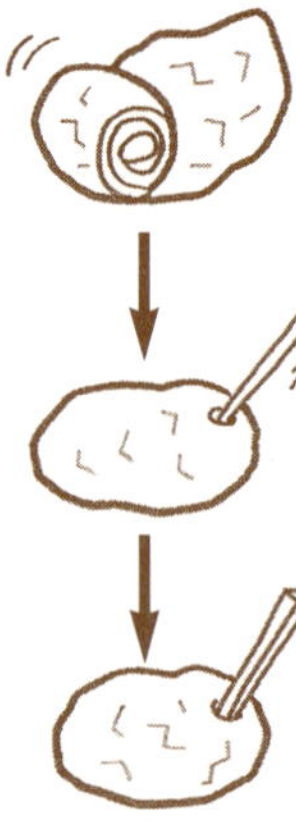

1 アルミホイルを丸め先のとがったもので穴を開けて割りはしを通す。

2 耳や羽などをセロハンテープではり、目などを付ける。

飾り付けて
きらきら飾り

材料
アルミ皿2枚、アルミホイル、糸、油性ペン、セロハンテープなど

1 アルミ皿に油性ペンなどで色を付ける。

2 アルミ皿を図のようにカッターで切り、発泡スチロールの上でくぎで穴を開け、模様を付ける。

3 切った部分を起こし、図のように2枚を合わせてセロハンテープで留め、中央にアルミホイルの飾りを糸でつるす。

切って丸めて
シャカシャカベル

材料
アルミホイル、ペットボトル（1500ml）のもの、両面テープなど

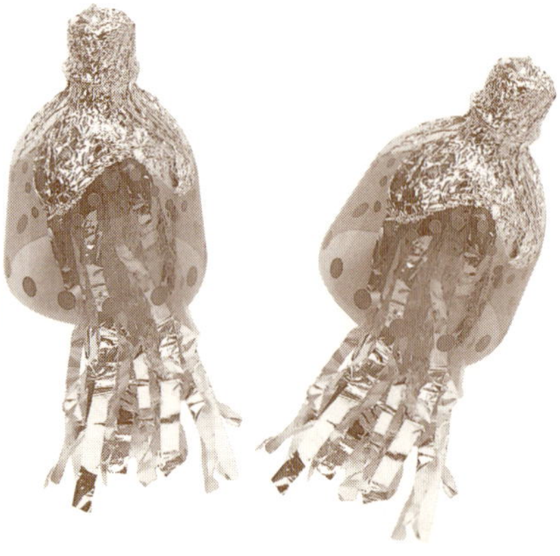

2 アルミホイルに図のように細かく切れ目を入れ、丸めてペットボトルの口に入れて留める。

3 持ち手の部分に、両面テープでアルミホイルを付ける。

1 ペットボトルの上部を切る。

切ってつないで
ブルブル渦巻きヨーヨー

材料

紙皿2枚、色画用紙など

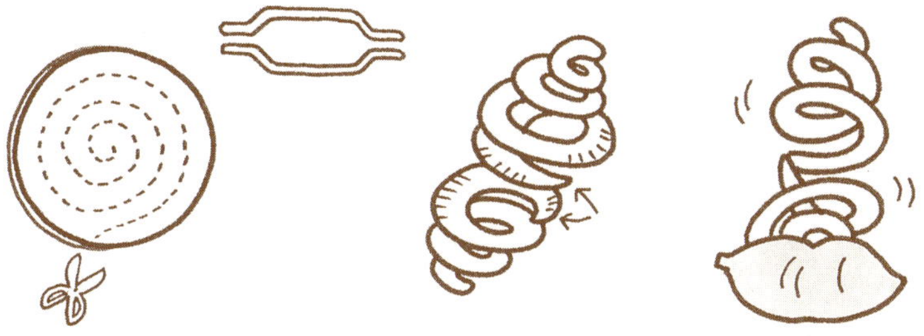

❶ 紙皿を2枚重ねて、渦巻きに切る。

❷ ❶で切ったものをはり合わせる（渦巻きになるように）。

❸ 紙で作ったサツマイモをはる。

重ねて回して
クルリン変身皿

材料

紙皿2枚、ペンなど

❶ 2枚の紙皿の裏側に別々の絵を描く。
※表側は、コーティングしてあって、描きにくいものもある。また、裏側は出っ張っているので迫力が出る。

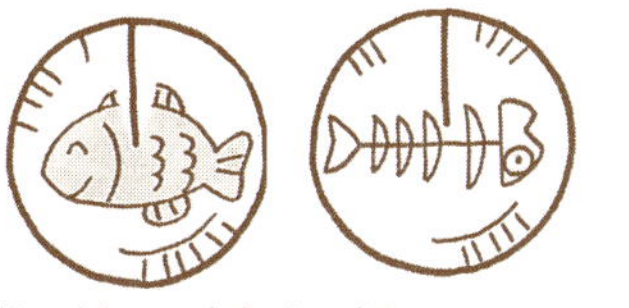

❷ 2枚の紙皿の中心まで切込みを入れ、重ねて、下の皿の端を表側に出す。

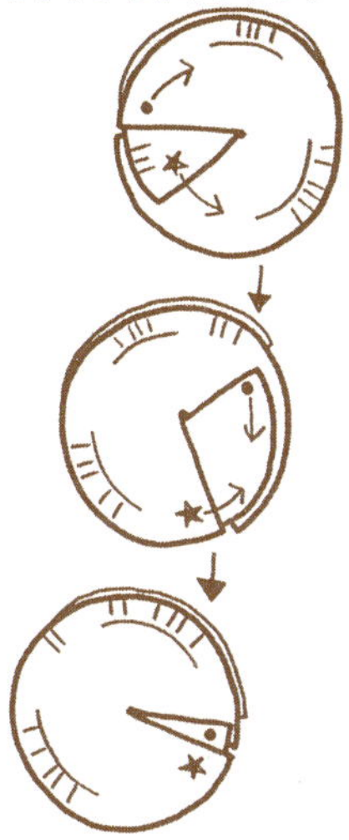

❸ 2枚の紙皿の端を持ちながら、クルリと一回転させる。

切り込み入れて折り曲げて
ゆらゆらピョン

材料

紙皿1枚、セロハンテープ、色画用紙、ペンなど

❶ 紙皿に絵を描き、図のように切り込みを入れ、半分に折る。

❷ 開きかたを固定するために、切り込みを折って向かい側にはる。

❸ 耳としっぽを付ける。

切り取ってはめて

ポリ袋電話

材料

紙コップ2個、かさ用ポリ袋、セロハンテープなど

もしもーし
なぁに?

1 紙コップの底を丸く切り取り、ふくらませたかさ用ポリ袋にかぶせて、セロハンテープで留める。

穴を開けてつないで

ばね電話

材料

紙コップ2個、ばね、セロハンテープなど

人形つり用の
やわらかいばね
びょん
ばねを揺らしながら
話すと楽しい!!

1 ばねの先を少し伸ばしてコップの底に開けた穴に入れ、内側からセロハンテープで留める。

穴を開けてつないで

糸電話

材料

紙コップ2個、ようじ、糸など

1 紙コップの底に穴を開け、糸を通し、ようじを付けて留める。

丸い形を利用して

ピザ

材料

紙皿1枚、折り紙など

1 紙皿に折り紙をはって飾る。

合わせてつなげて
カップけん玉

材料

紙コップ適宜、アルミホイル、景品のカプセル、糸、ようじなど

紙コップ2個

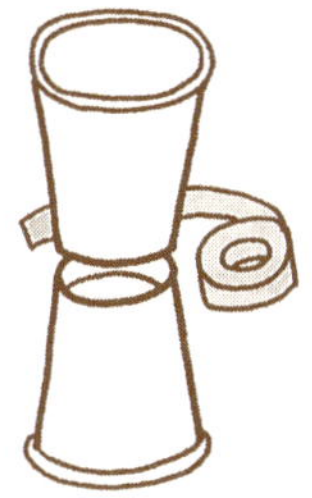

1 紙コップの底どうしを合わせて、ビニールテープでつなぐ。

2 紙コップに糸を通し、糸の一方にアルミホイルを付けて丸める。

紙コップ4個

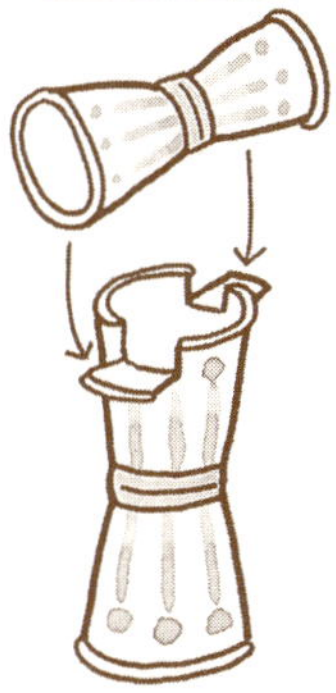

1 紙コップの底をつないだものを2組作り、1組は切り込みを入れてのりしろにし、もう1組をはり付ける。

2 図のように紙コップとカプセルに糸を通す。

飾って切り込みを入れて
いないいないピョン

材料

紙コップ3個、色画用紙、輪ゴムなど

1 紙コップ3個を色画用紙などで装飾する。

2 かぶせる紙コップは、図のように切り込みを入れて、輪ゴムをかける（2個作る）。

3 下になる紙コップは図のように底に切り込みを入れる。

つなげてはって ちょきちょきクワガタ

材料

曲がるストロー7本、色画用紙、クラフトテープなど

動かないなー
えいっ!
はさみが動いた!

はさみが動くのはこういうしくみ
引っ張る
ここを押えて

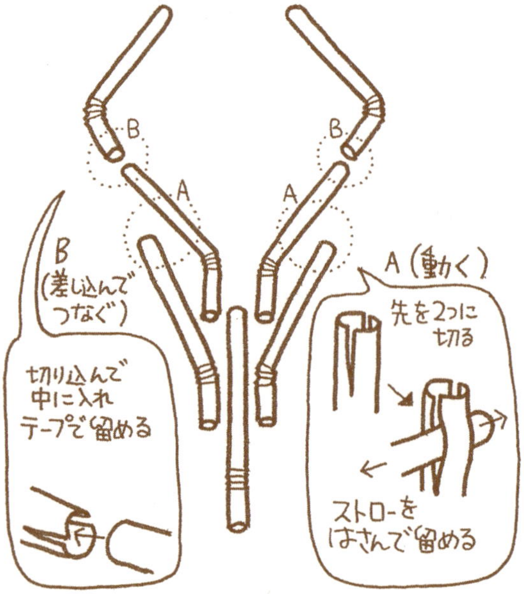
B
B
A
A
B (差し込んでつなぐ)
切り込んで中に入れテープで留める
A (動く)
先を2つに切る
ストローをはさんで留める

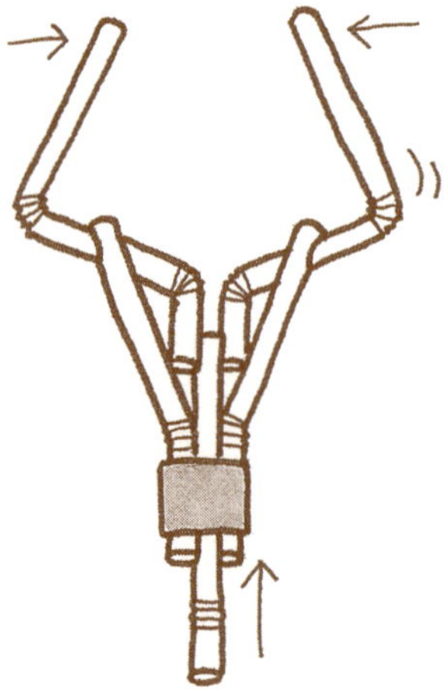

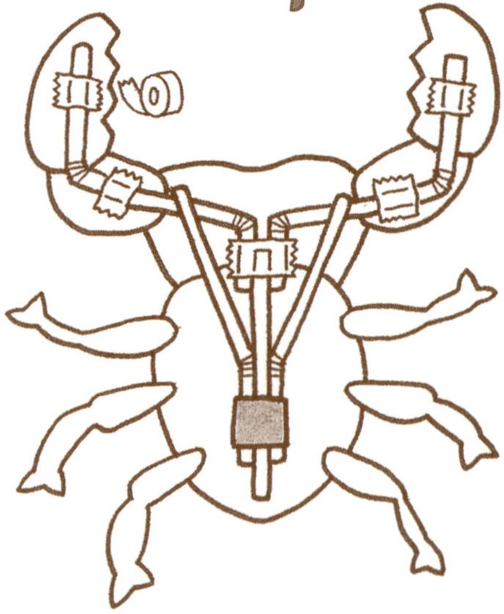

1 曲がるストローを7本、図のように接続する。

2 左右にある2本がいっしょに動くように、色画用紙を巻きつけてのりで留める。

3 色画用紙で角や体を作り、裏に2をクラフトテープではる。
＊カマキリも同じように作ります。

折って留めて差し込んで
飛べ飛べテントウムシ

材料

細いストロー1本、太いストロー1本、色画用紙など

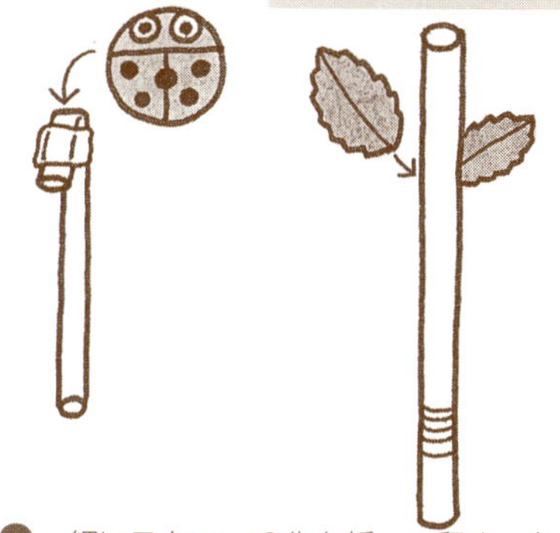

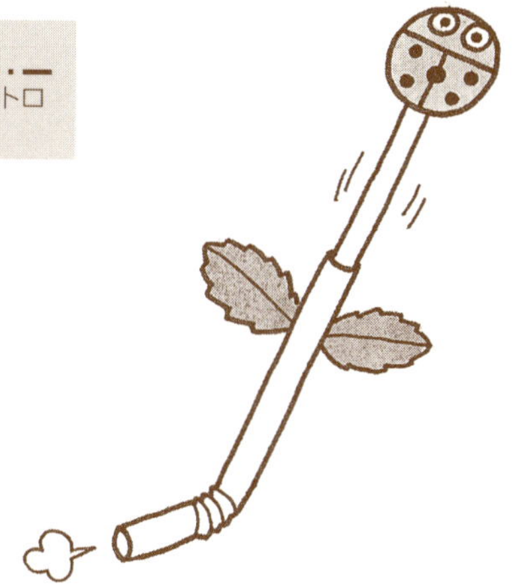

1. 細いストローの先を折って留め、色画用紙のテントウムシをはる。太いストローに葉っぱを図のようにはる。
2. 太いストローに細いストローを差し込み、吹いて飛ばす。

立たせて差して
不思議な虫かご

材料

細いストローと太いストロー12本ずつ、牛乳パック2個、ひも、針金、色画用紙など

＊上下が抜けないようにひもでストッパーをつけるとGOOD！

1. 牛乳パックを図のように切り、細いストローを底の部分にはる。
2. 太いストローを細いストローの位置に合わせて上の部分にはる。

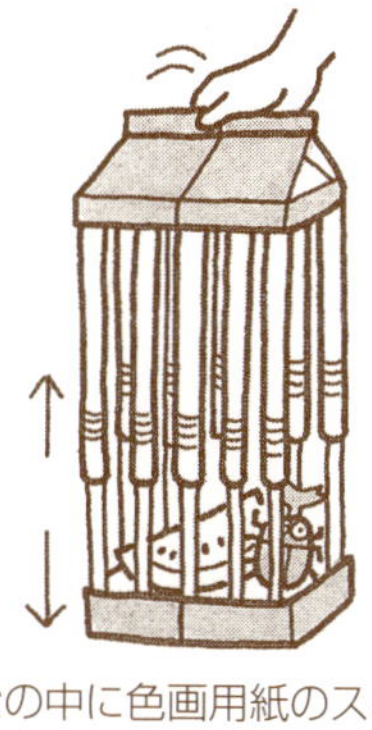

3. かごの中に色画用紙のスイカと針金でつったカブトムシを入れ、上部を下部に差し込む。

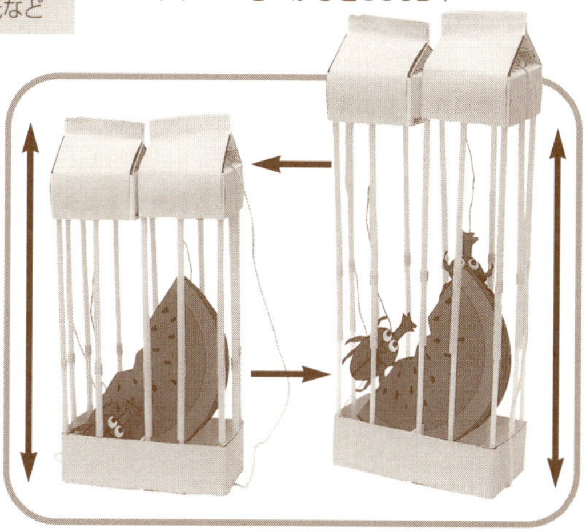

つなげて曲げて
ムシムシ輪投げ

材料

曲がるストロー適宜、発泡スチロール、竹ぐし、色画用紙など

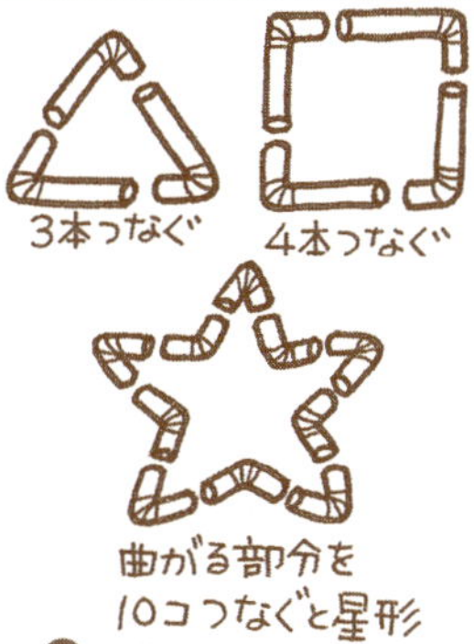

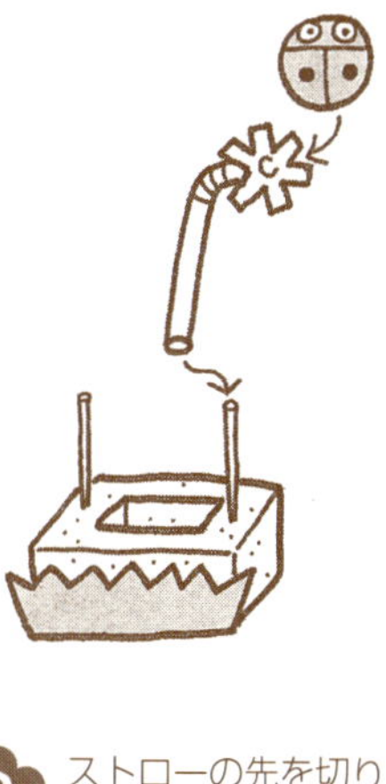

1. 曲がるストローをいろいろな形につなげ、投げ輪を作る。
2. 発泡スチロールや油粘土に竹ぐしを刺す。
3. ストローの先を切り開き、色画用紙で作った虫をはって、竹ぐしに通す。

曲げてはりつけて
ままごと道具

材料

フライパン
曲がるストロー2本、紙カップ1個、紙皿など

おたま
曲がるストロー2本、紙コップ、など

スパイスセット
ストロー適宜、透明のプラスチックコップ、色画用紙など

塩を振って!
できたかな?
楽しいよ!

フライパン

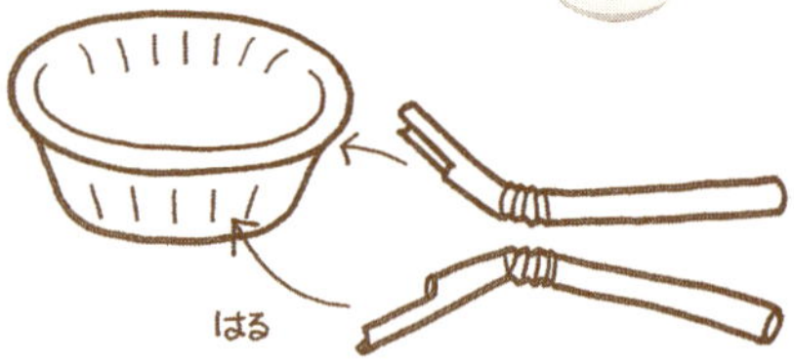
はる

1 曲がるストロー２本の先を図のように切り、紙カップにはり付ける。

ふた

2 ストローの曲がる部分を切り取り、紙皿にはり付けて、ふたを作る。

おたま

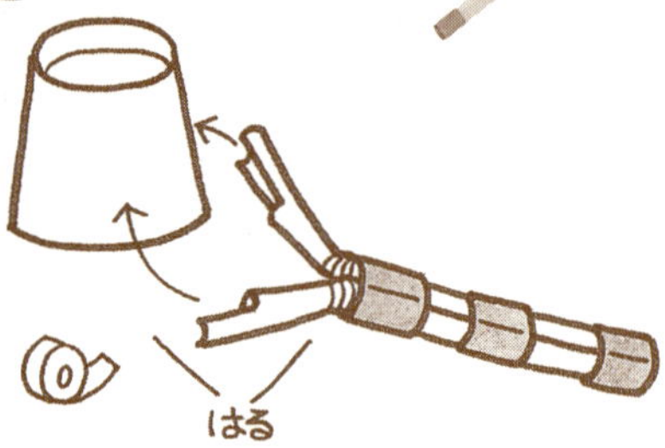
はる

1 紙コップの上部全体を少し切り取り、曲がるストロー２本を図のようにはり付ける。

スパイスセット

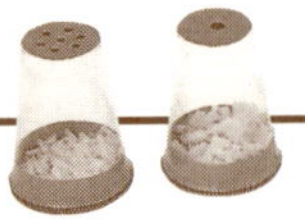

1 透明のプラスチックコップにストローを細かく切ったものを入れ、色画用紙でふたをする。

2 振り出し口をかいた色画用紙を、コップの底にはり付ける。

つなげて通して
くるくるイルカ

材料

曲がるストロー３本、色画用紙

回転できたね！
えらい！

1 曲がるストロー２本を図のようにつなげる。

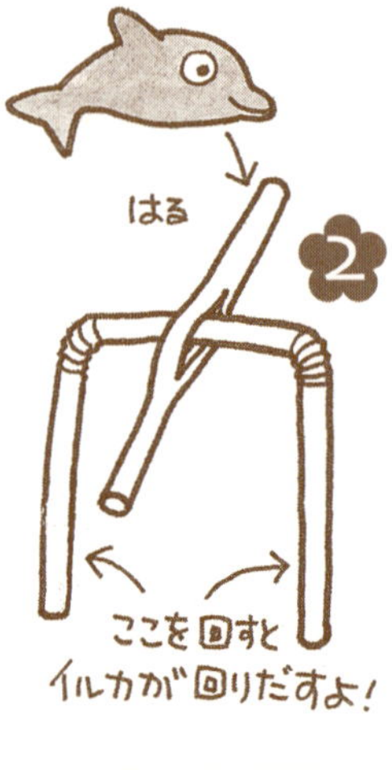
はる
ここを回すと
イルカが回りだすよ!

2 ストローの中央を切って 1 を通し、色画用紙のイルカを両端にはり付ける。

まとめてずらして
びよよんザリガニバンド

材料

割りばし6本、色画用紙、輪ゴム、セロハンテープ、ビニールテープ、ダンボールなど

やった！
ふたつもつかめた！
はさみで取るのが…

1 割った割りばし２本を輪ゴムで留める。

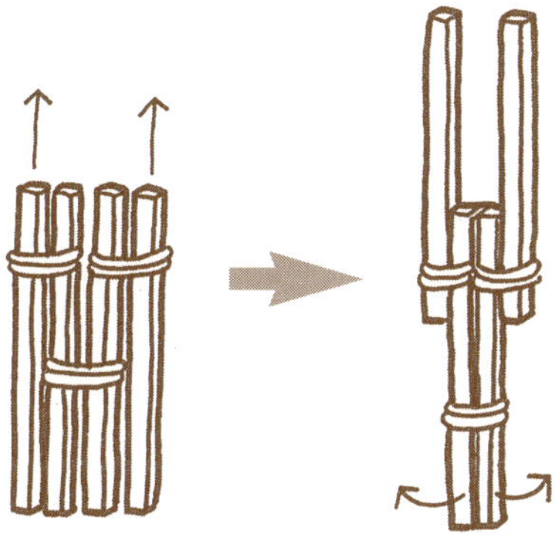

2 さらに、割りばし２本を図のように輪ゴムで留め、上にずらす。

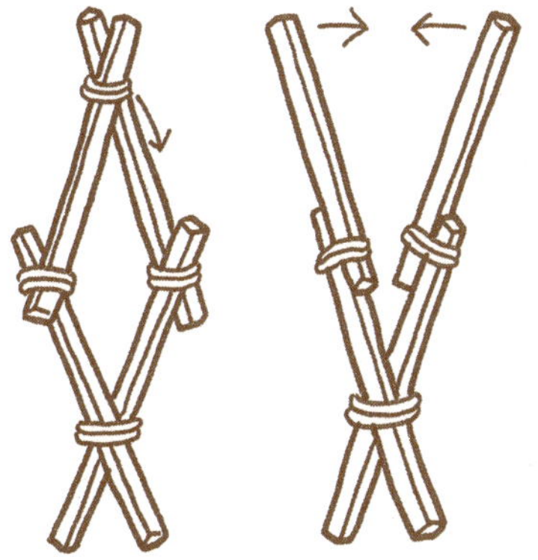

3 先端を寄せてクロスさせ、輪ゴムで留める。

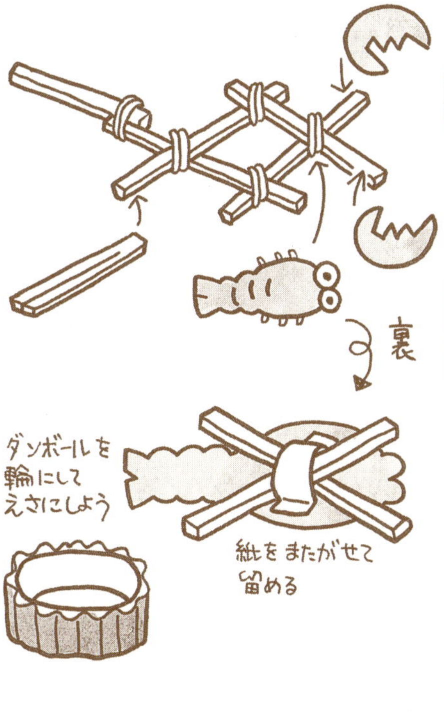
裏
ダンボールを輪にしてえさにしよう
紙をまたがせて留める

4 色画用紙のザリガニとはさみをはって、持ち手の割りばしを輪ゴムで付ける。えさは、ダンボールなどを輪にして作る。

いろんな動物を作って遊ぼう！
パクパク
ぽとっ

はさんで刺して
紙玉飛ばしっこ

材料

割りばし数本、輪ゴム、ビニールテープ、空き箱、発泡スチロールなど

動く

1. 割りばし２本で１本をはさみ、両端をビニールテープで留める。
2. 図のように輪ゴムをかけて、ビニールテープで留める。

刺さるかな?
えいっ
飛んだ!
ポーン!

3. 発泡スチロールに割りばしを刺して、ハリネズミのまとを作る。

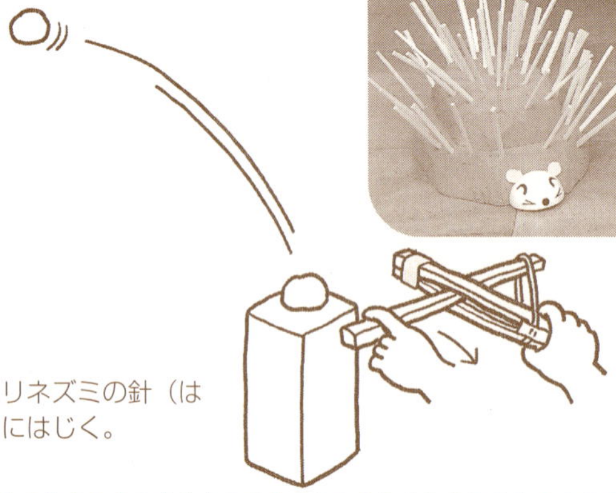

4. 箱の上に紙玉を置き、ハリネズミの針（はし）に、はさまれるようにはじく。

持ち手にして
おでん・フランクフルト・焼きとり

材料

割りばし適宜、新聞紙、折り紙、テープ

そのおでん
おいしそう
まぁね～
いらっしゃいませ!

1. のりをつけた割りばしに、新聞紙をくるみながら形を作る。
2. 折り紙を巻いたあと、セロハンテープで留めて、色を付ける。

組み合わせてひもで結んで

簡単けん輪

材料

割りばし3本、毛糸、セロハンテープのしん、ひもなど

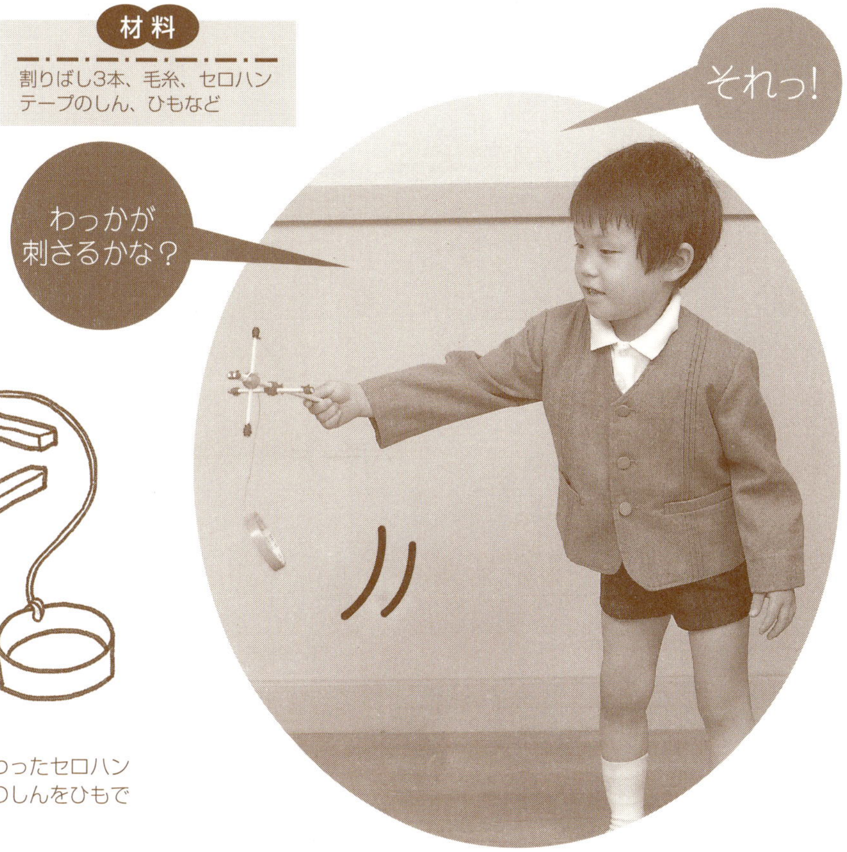
それっ!
わっかが
刺さるかな？

1 割りばしを組み合わせて、図のように毛糸で巻いて留める。

2 使い終わったセロハンテープのしんをひもで結ぶ。

色を付けて

ドッキドキおみくじ

材料

割りばし6本ぐらい、筒状の箱、ビニールテープなど

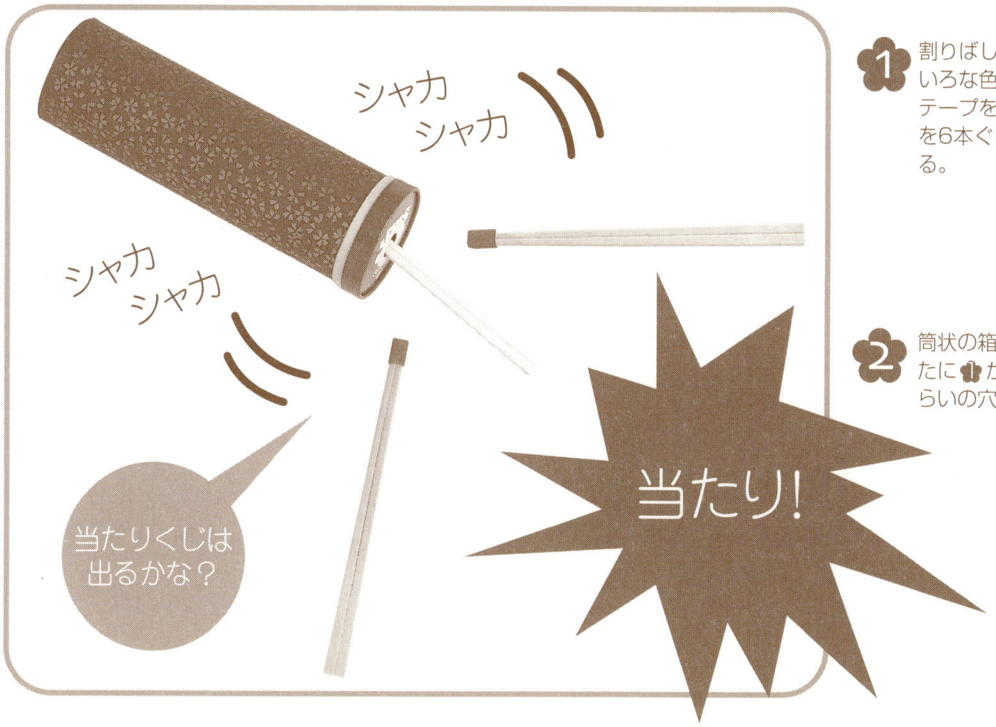
シャカ
シャカ
シャカ
シャカ
当たりくじは
出るかな？
当たり!

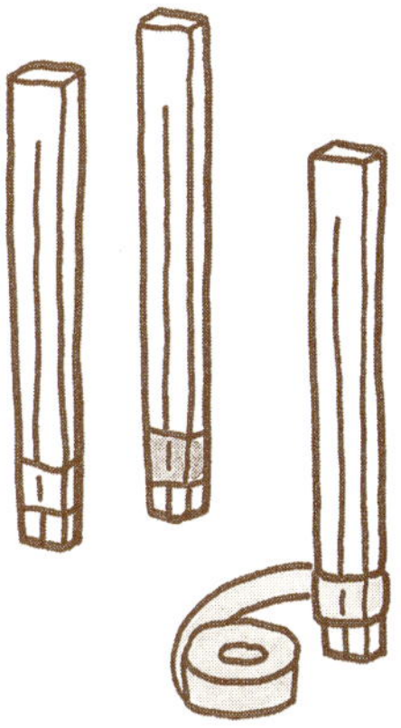

1 割りばしの先にいろいろな色のビニールテープを巻いたものを6本ぐらい用意する。

2 筒状の箱に入れ、ふたに 1 が1本通るくらいの穴を開ける。

しごいたり裂いたり
南国気分でフラダンス

材料

変身かつら
ビニールリボン（ソフトテープ）適宜、ビニールロープ、カップめんの空きカップ、色画用紙など

ダンシング腰ミノ
スズランテープ適宜、腰ひも（布製）など

アロ〜ハ〜
似合う?

ダンシング腰ミノ

1 スズランテープを輪にして、図のように結ぶ。

腰ひも
輪に通す
切り開く

2 腰ひもにしたら、輪の下部を切る。

結ぶ

3 図のように中央で結んだものも腰ひもに付ける。

4 全体的にテープを細かく裂く。

変身かつら

●くるくるヘア

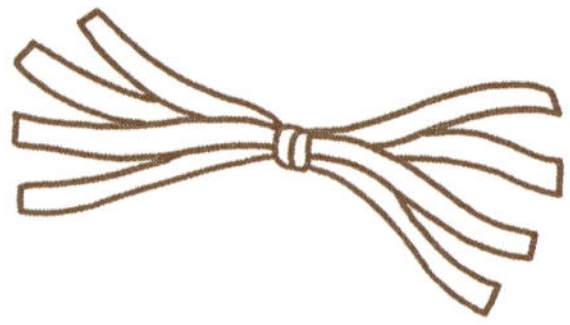

1 ビニールリボン4，5本を図のように結ぶ。

2 はさみのへりなどの固いところでしごいてカールさせる。

3 カップめんの空きカップにはり付ける。

●ストレートヘア

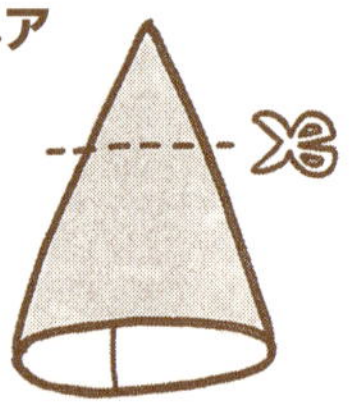

1 色画用紙を三角帽子の形にして、図のように上部を切る。

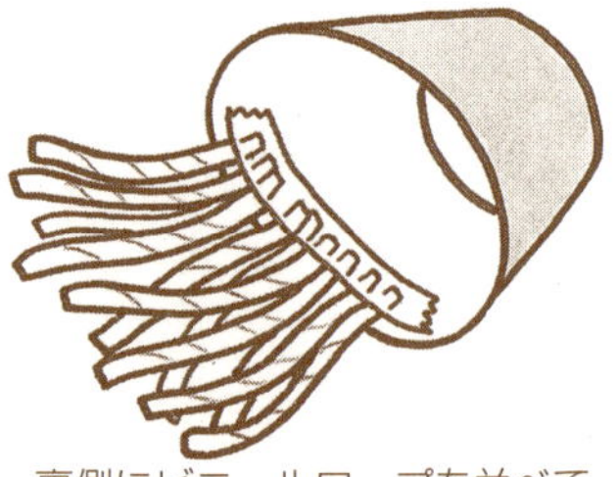

2 裏側にビニールロープを並べて、セロハンテープではる。

切って結んで

ゆらゆらハンモック

材料

ビニールロープ適宜、丸棒（木製）など

気持ち
よさそう…
クマくん
お昼寝
ユ〜ラ ユ〜ラ

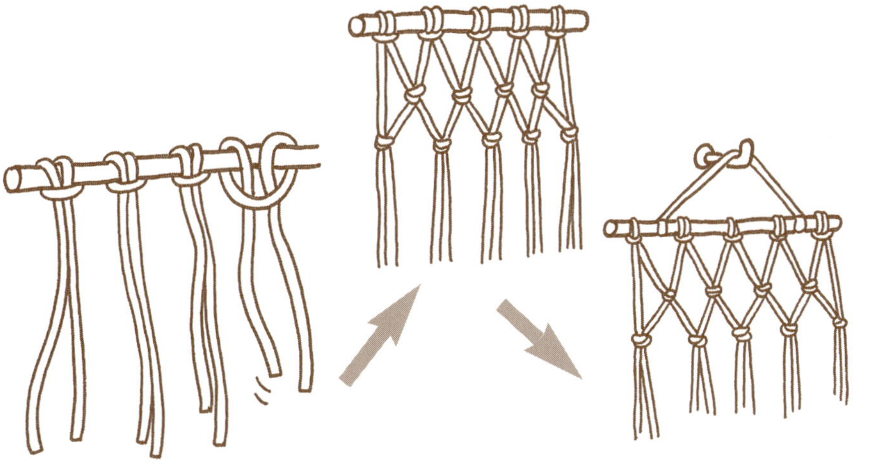

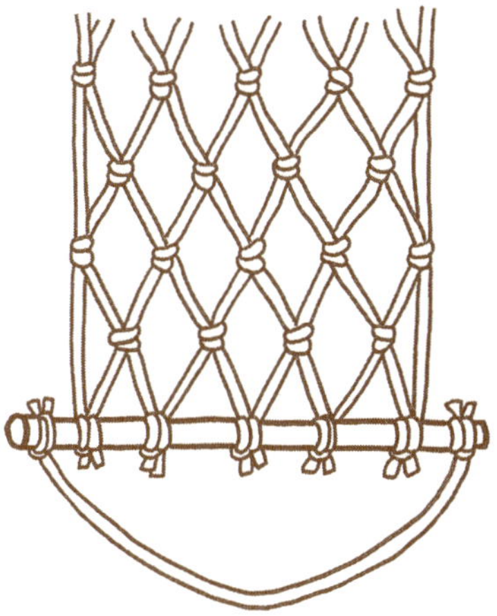

1 図のように、丸棒にビニールロープを結び付けたら、隣どうしを交互に結んでいく。
※最初に持ち手を付けて、つるしながら結ぶと簡単！

2 丸棒にそれぞれ持ち手を付ける。

巻いてしばって
産地直送夏野菜

材料

新聞紙適宜、白い紙、スズランテープ、セロハンテープなど

安いよ
安いよっ
いらっしゃい
いらっしゃい
キュウリは
いかが?

1. 古新聞紙などでそれぞれの野菜の形を作ったものを、白い紙で巻く。

2. スズランテープを包帯のように巻き、ずれないように、所々セロハンテープで留める。

3. 重ねたスズランテープを中央で結び、下部の輪を切って開き野菜のへたにする。
※すべて同様。

裂いてはって
お掃除モンスター

材料

スズランテープ適宜、厚紙、ペンなど

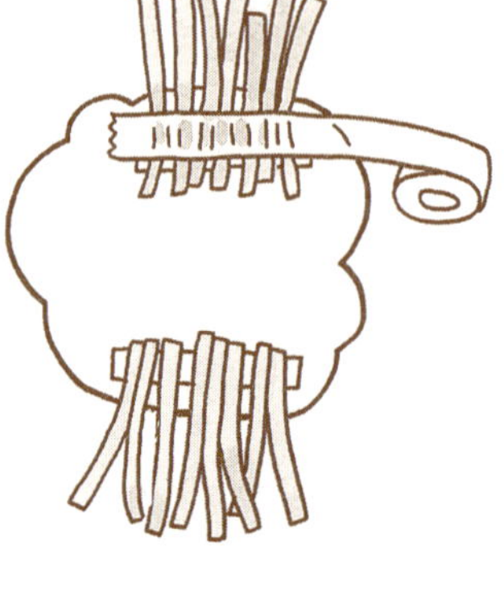

サッサッ
サッサッ

1. 厚紙で形を作り、絵を描く。
2. 裏側に、細かく裂いたスズランテープを両面テープやセロハンテープではる。

フェルトをはって縫い付けて

手踊りソックス怪獣

材料

子ども用くつ下（ハイソックス）適宜、フェルト、発泡スチロール球など

ガオー
たべちゃうぞ！

ガブーッ
ふう〜ん そうかぁ‥
○×△ ×・・・

ひとりで遊んでもいいし、みんなで作って、怪獣ごっこをしても楽しいでしょう。

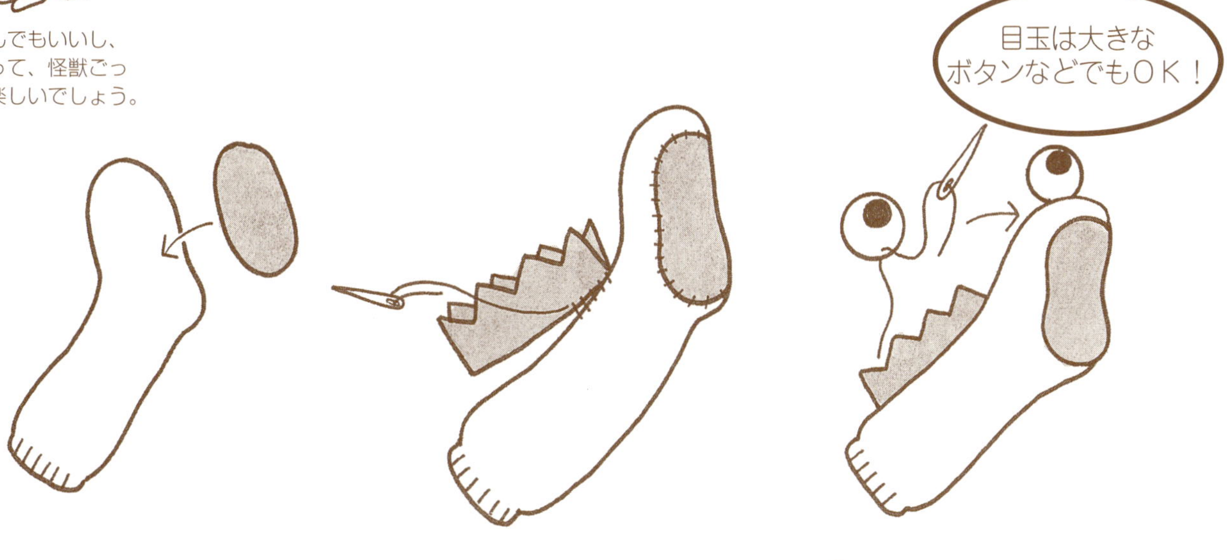
目玉は大きなボタンなどでもＯＫ！

1 ハイソックスの足の裏の部分に、赤いフェルトをはる。

2 フェルトでギザギザの背びれを作り、糸で縫い付ける。

3 発泡スチロール球で目玉を作り、糸で縫い付ける。

中に詰めて縫い付けて
お買い物ごっこ

材料

魚
子ども用くつ下（ハイソックス）適宜、綿、厚紙など

タコ・イカ
布手袋適宜、綿など

ダイコン・カブ・イチゴ
くつ下適宜、綿、フェルトなど

魚はいかが?
イチゴください
どうぞっ

魚・タコ・イカ

●魚

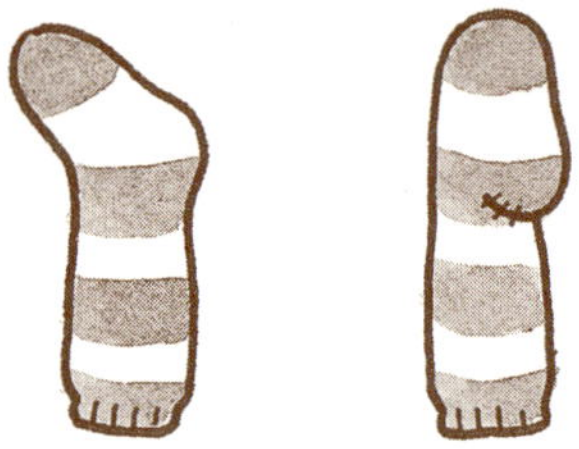

1 ハイソックスに綿を詰め、かかとを縫ってまっすぐにする。

2 ハイソックスの口に、尾びれの形の厚紙を入れ、すぼめて縫う。

●タコ・イカ

1 布手袋に綿を詰め、足部分を作る。

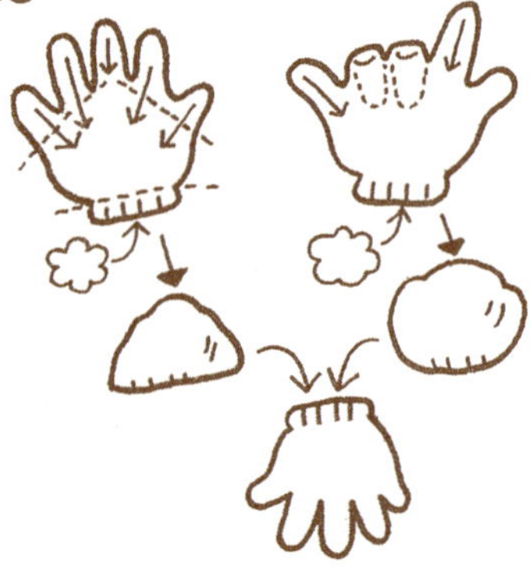

2 指部分を折ったり中に入れたりして、丸や三角の詰め物を作り、1と縫い合わせる。

やさい

●ダイコン・カブ・イチゴ

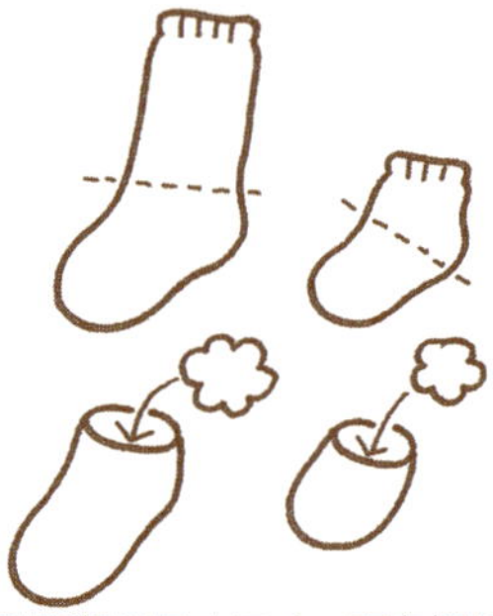

1 作る野菜の長さにくつ下を切り、綿を詰めて丸くする。

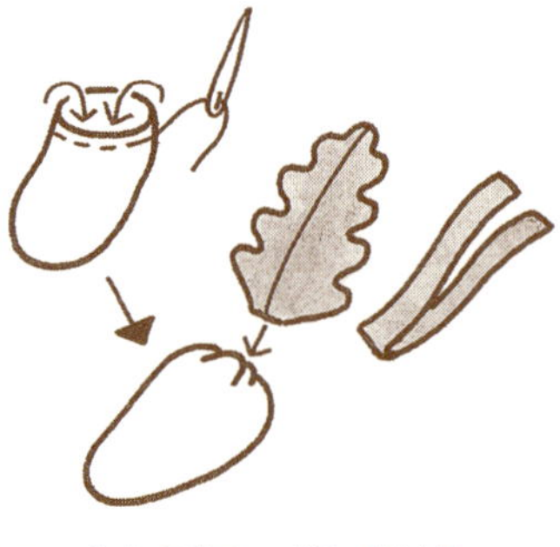

2 フェルトの葉を、縫い付ける。

切って詰めて

おひさまフラワー

材料

布手袋適宜、手芸用綿、フェルト、紙皿、マジックテープなど

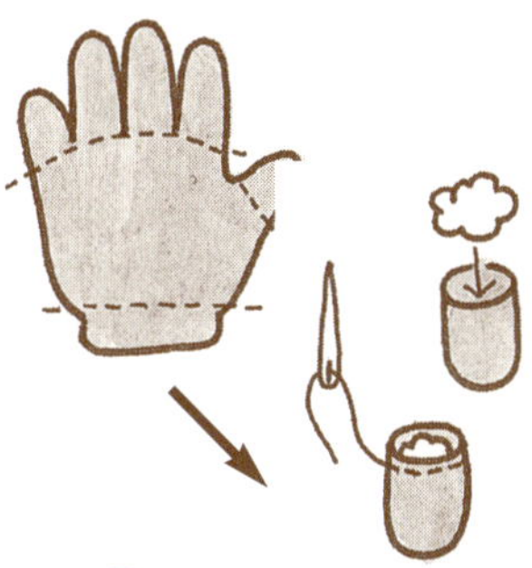

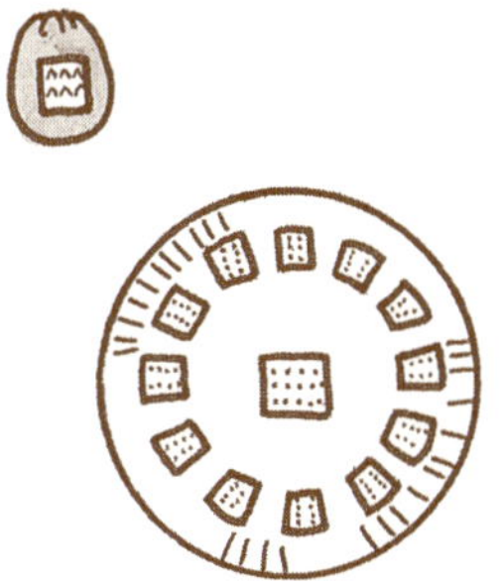

はり直せるね
ペタッと くっつく!

1. 布手袋を図のように切り、それぞれに綿を詰めて縫う。
2. 手のひら部分にフェルトで顔を縫い付ける。
3. マジックテープをそれぞれ裏側に付け、紙皿にもはる。

はって詰めて

れんけつ新幹線

材料

子ども用くつ下（ハイソックス）適宜、厚紙、手芸用綿、フェルト、マジックテープなど

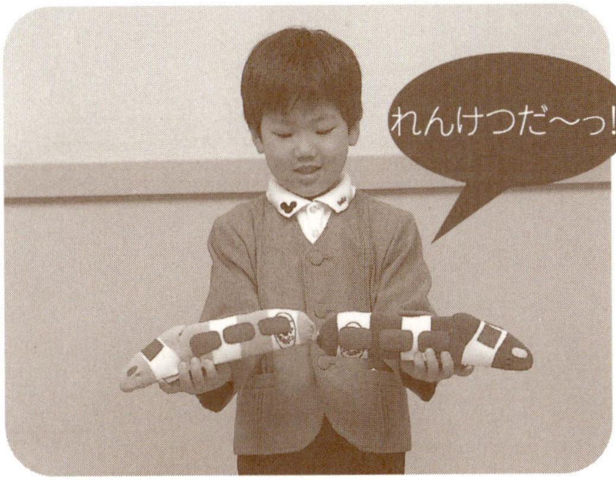
れんけつだ〜っ!

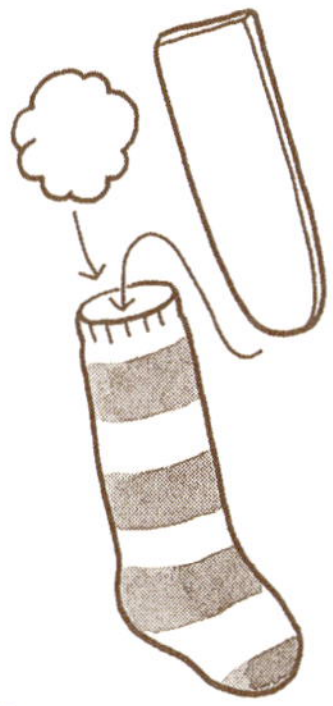

1. ハイソックスに厚紙と綿を入れて縫う。
2. かかとの出っ張りを縫い、フェルトの窓やライトをはり付ける。
3. マジックテープを付ける。

詰めて縫い付けて

ふわふわマスコット

材料

子ども用くつ下適宜、手芸用綿、フェルト、ひもなど

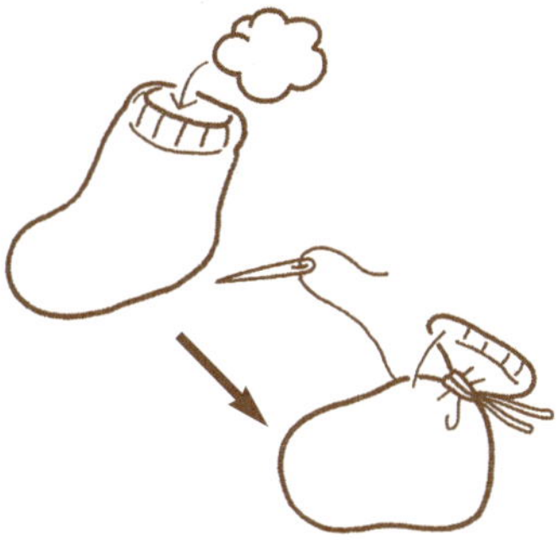

ぴよっ

ピヨ
ピ!
ピピッ?

1. 子ども用くつ下に綿を詰めて口を閉じ、しっぽの形に縫う。
2. フェルトで、目やくちばし、足などを縫い付ける。
3. 上部につり下げるひもを付ける。

お店やさんごっこをしよう 2

お店を作ろう!

看板を作ろう

いろいろな素材を使って作りましょう。売るものに合った看板にすることがポイントです。

かべを使って

やさい
やさい
やさい

大きな文字は、1字ずつ、折り紙や紙皿に書くとよいでしょう。かべや机の前にはって看板のように使います。また、文字を書いた折り紙をはったダンボールを看板にしてもよいでしょう。

空き缶を使って

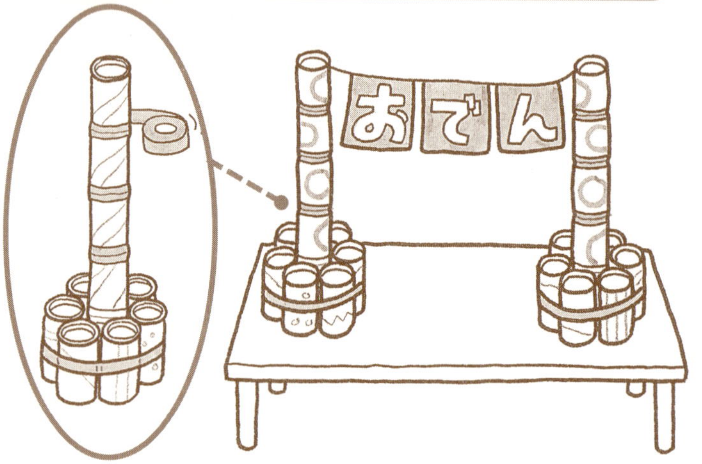

おでん

図のように積んでビニールテープで留めます。これを2つ作り、間に折り紙、荷作りテープなどで作ったのれんを下げます。

店がまえ方例

よりそのお店の雰囲気が出るように店がまえをくふうしましょう。

ラーメン そば
そば・ラーメン
ラーメン
みそラーメン
きつねうどん
てんぷらそば
おおつりだし!
さかな
魚や
やさい
野菜や
おでん・フランクフルト
フランクフルトも、あるよ!
おでん
やきとり・タコやき
焼きとり・タコ焼き

今度は店を作りましょう。
かべ、空き缶、ペットボトル、ダンボールなどで作った、
楽しいお店を紹介します。

ペットボトルを使って

図のようにペットボトルの下部分を切り、重ねて積み、ビニールテープで留めます。一番下の切らないペットボトルには色水などを入れておくと重さが出て安定します。

ダンボール箱を使って

看板は大きさの違うダンボール箱を重ねて。１番下の箱の中に水の入ったペットボトルを入れておもりにします。棚は、厚めのダンボールを切って作ります。柱の部分は牛乳パックに丸めた新聞紙を入れていくと、じょうぶです。

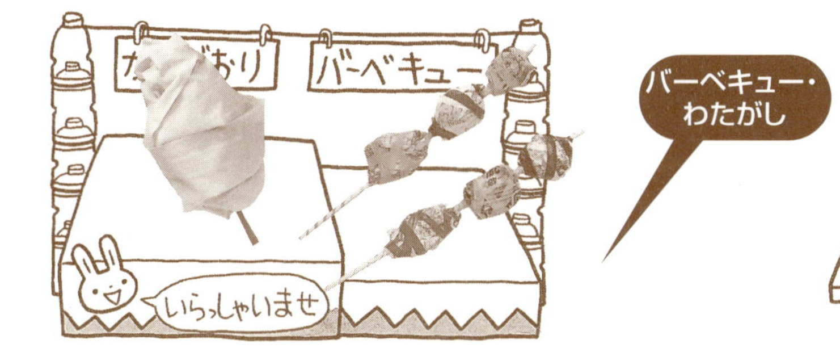

お店やさんごっこをしよう 3

店員さんになりきり

帽子

紙袋、レースペーパー、ポリ袋で簡単に作れます。

大きな紙袋

おでん・フランクフルト、そば・ラーメン、お菓子の店員さんに合います。

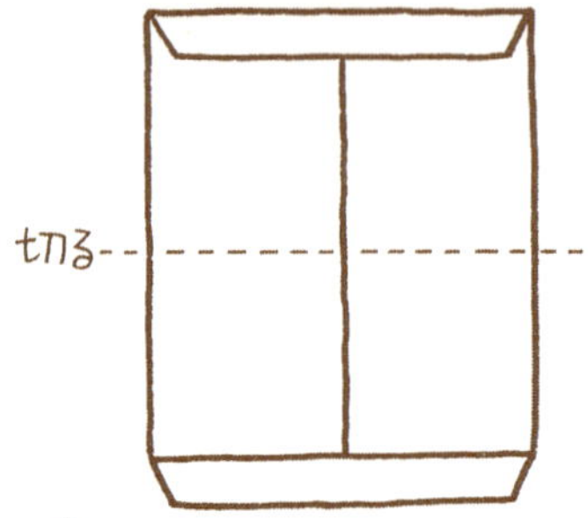

1 大きめの紙袋を横に半分に切る。

2 軽く袋を広げて、底の部分を軽く押して折り目を付ける。

3 頭にのせる。

レースペーパー

サンドイッチ・ピザ、ジュース・アイスクリームの店員さんに合います。

1 レースペーパーを１枚用意。

2 それを半分に切って、リボンをのりではり、よく乾かす。

3 頭に付け、後ろで結ぶ。

大きめのポリ袋

野菜や、焼きとり・タコ焼き、バーベキュー・わたがし、魚やの店員さんに合います。

1 細長く切る。

2 1をねじって…。

3 頭に巻く。

衣装を作ろう！

紙袋やポリ袋を使った、店員さんのユニフォームを紹介します。それぞれのお店にあった帽子、エプロンをみんなおそろいで作りましょう。

エプロン

手つきポリ袋、レースペーパー、ポリ袋で作ります。帽子とおそろいにしても楽しいでしょう。

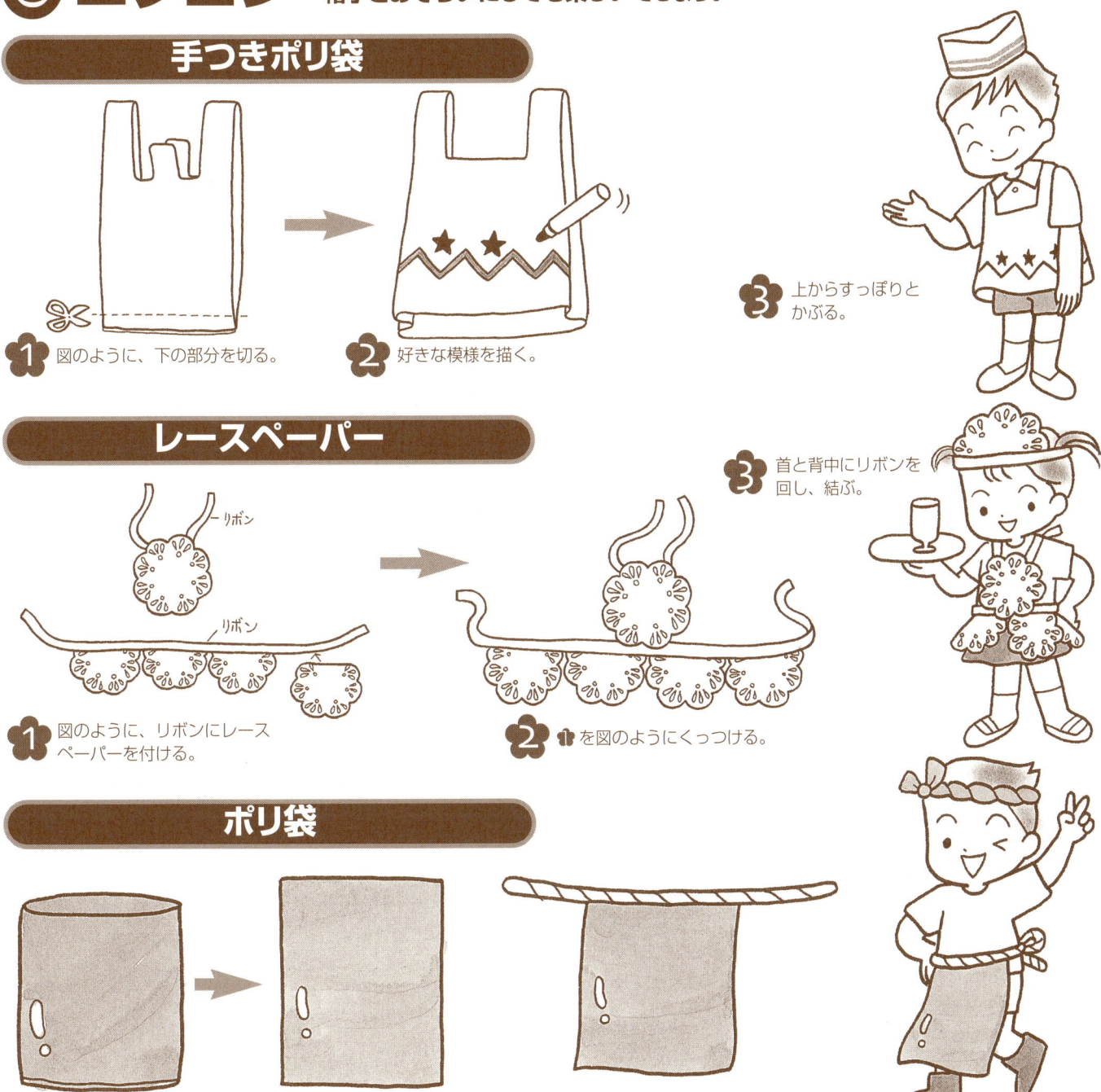

手つきポリ袋

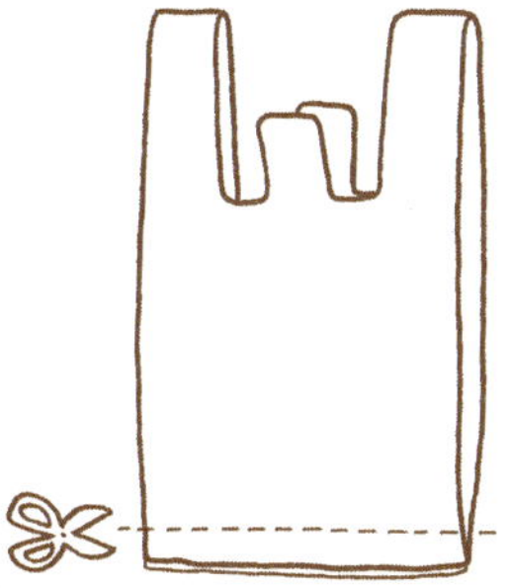

1 図のように、下の部分を切る。

2 好きな模様を描く。

3 上からすっぽりとかぶる。

レースペーパー

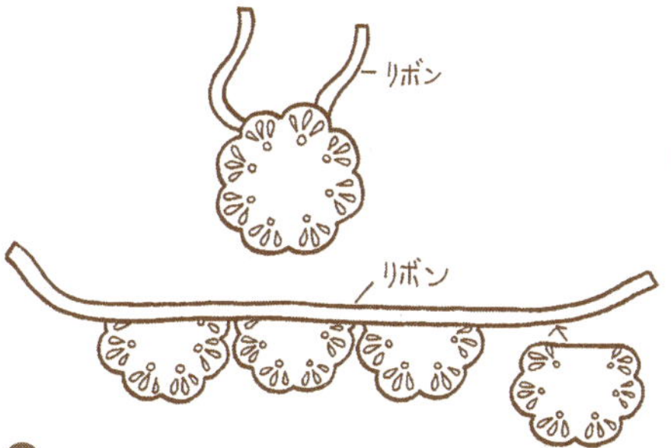

1 図のように、リボンにレースペーパーを付ける。

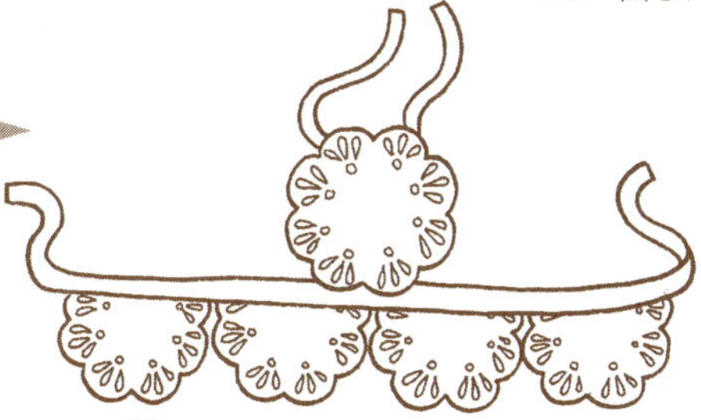

2 1を図のようにくっつける。

3 首と背中にリボンを回し、結ぶ。

ポリ袋

1 長めの長方形に切る。

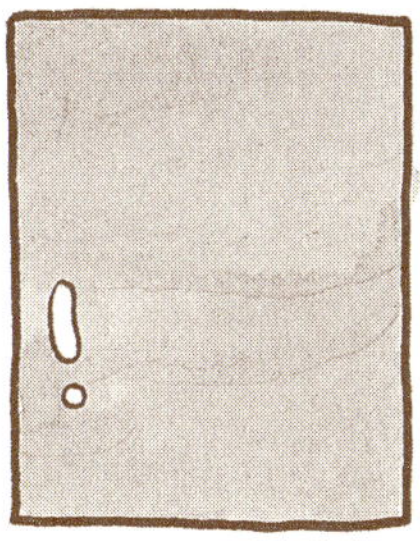

2 荷作りひもをテープでくっつける。

3 ひもを背中に回し、結ぶ。

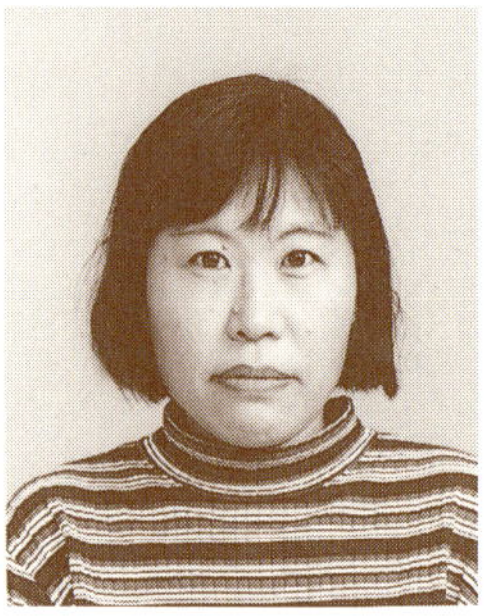

立花 愛子 （たちばな あいこ）

AIKO TACHIBANA

東京都立大学理学部生物学科卒。NHK教育テレビ理科番組の造形制作を経て、現在は幼児向け雑誌、児童書などに造形科学遊びを中心に活躍。また、保育者向け指導書の造形遊びなども携わる。著書に「たのしい科学あそびシリーズ」（さ・え・ら書房）「作品展のアイデア集」（ひかりのくに）「ポリぶくろであそぼう」（世界文化社）などがある。

制作	立花愛子
撮影	中村俊二
表紙デザイン	FCデザイン
表紙立体物制作	チップスカンパニー
本文デザイン	内藤しなこ
本文イラスト	加藤直美
撮影協力	東京都世田谷・淡島幼稚園
	東京都中野区・まこと幼稚園
編集協力	株式会社スリーシーズン

素材を生かす

手作りおもちゃアイデア集

2002年5月15日　初版第1刷発行
2008年1月25日　　　第8刷発行

著　者／立花愛子　©AIKO TACHIBANA
発行人／浅香俊二
発行所／株式会社チャイルド本社
〒112-8512　東京都文京区小石川5-24-21
Tel 03-3813-3781　振替／00100-4-38410
印刷所／共同印刷株式会社
製本所／一色製本株式会社
ISBN／978-4-8054-0032-6 C2037
NDC376　26×21cm　112P

乱丁・落丁はお取替えいたします。